45 YEARS IN WALL STREET

Explained Completely by Top Trader

华尔街45年

顶级交易员深入解读

［美］江恩（William D. Gann）/原著

魏强斌/译注

经济管理出版社

ECONOMY & MANAGEMENT PUBLISHING HOUSE

图书在版编目（CIP）数据

华尔街 45 年：顶级交易员深入解读/(美) 江恩原著；魏强斌译注. —北京：经济管理出版社，2018. 3
ISBN 978-7-5096-5754-6

Ⅰ. ①华…　Ⅱ. ①江…　②魏…　Ⅲ. ①股票投资—经验—美国　Ⅳ. ①F837. 125

中国版本图书馆 CIP 数据核字（2018）第 082672 号

策划编辑：勇　生
责任编辑：胡　茜
责任印制：司东翔
责任校对：王淑卿

出版发行：经济管理出版社
　　　　　（北京市海淀区北蜂窝 8 号中雅大厦 A 座 11 层　100038）
网　　址：www. E-mp. com. cn
电　　话：(010) 51915602
印　　刷：三河市延风印装有限公司
经　　销：新华书店
开　　本：787mm×1092mm/16
印　　张：15
字　　数：275 千字
版　　次：2018 年 8 月第 1 版　2018 年 8 月第 1 次印刷
书　　号：ISBN 978-7-5096-5754-6
定　　价：68.00 元

导言　成为伟大交易者的秘密

◇ 伟大并非偶然！

◇ 常人的失败在于期望用同样的方法达到不一样的效果！

金融交易是全世界最自由的职业，每个交易者都可以为自己量身定做一套盈利模式。从市场中"提取"金钱的具体方式各异，而这却是金融市场最令人神往之处。但是，正如大千世界的诡异多变由少数几条定律支配一样，仅有的"圣杯"也为众多伟大的交易圣者所朝拜。我们就来一一细数其中的最伟大代表吧。

作为技术交易（Technical trading）的代表性人物，理查德·丹尼斯（Richard Dannis）闻名于世，他以区区 2000 美元的资本累计赚取了高达 10 亿美元的利润，而且持续了数十年的交易时间。更令人惊奇的是他以技术分析方法进行商品期货买卖，也就是以价格作为分析的核心。但是，理查德·丹尼斯的伟大远不止于此，这就好比亚历山大的伟大远不止于他建立了地跨欧亚非的大帝国一样，丹尼斯的"海龟计划"使得目前世界排名前十的 CTA 基金经理有六位是其门徒。"海龟交易法"从此名扬天下，纵横寰球数十载，今天中国内地也刮起了一股"海龟交易法"的超级风暴。其实，海龟交易法的核心在于两点：一是"周规则"蕴含的趋势交易思想；二是资金管理和风险控制中蕴含的机械和系统交易思想。所谓"周规则"（Weeks' Rules），简单而言就是价格突破 N 周内高点做多（低点做空）的简单规则，"突破而作"（Trading as Breaking）彰显的就是趋势跟踪交易（Trend Following Trading）。深入下去，"周规则"其实是一个交易系统，其中首先体现了"系统交易"（Systematic Trading）的原则，其次是体现了"机械交易"（Mechanical Trading）的原则。对于这两个原则，我们暂不深入，让我们看看更令人惊奇的事实。

巴菲特（Warren Buffett）和索罗斯（Georgy Soros）是基本面交易（Fundamental investment & Speculation）的最伟大代表，前者 2007 年再次登上首富的宝座，能够时隔多年后二次登榜，实力自不待言，后者则被誉为"全世界唯一拥有独立外交政策的平

民"，两位大师能够"登榜首"和"上尊号"基本上都源于他们的巨额财富。从根本上讲，是卓越的金融投资才能使得他们能够"坐拥天下"。巴菲特刚踏入投资大门就被信息论巨擘认定是未来的世界首富，因为这位学界巨擘认为巴菲特对概率论的实践实在是无人能出其右，巴菲特的妻子更是将巴菲特的投资秘诀和盘托出，其中不难看出巴菲特系统交易思维的"强悍"程度，套用一句时下流行的口头禅"很好很强大"，恐怕连那些以定量著称的技术投机客都要俯首称臣。巴菲特自称85%的思想受传于本杰明·格雷厄姆的教诲，而此君则是一个以会计精算式思维进行投资的代表，其中需要的概率性思维和系统性思维不需多言便可以看出"九分"！巴菲特精于桥牌，比尔·盖茨是其搭档，桥牌运动需要的是严密的概率思维，也就是系统思维，怪不得巴菲特首先在牌桌上征服了信息论巨擘，然后又征服了整个金融世界。由此看来，巴菲特在金融王国的"加冕"早在桥牌游戏中就已经显出端倪！

索罗斯的著作一大箩筐，以《金融炼金术》最为出名，其中他尝试构建一个投机的系统。他师承卡尔·波普和哈耶克，两者都认为人的认知天生存在缺陷，所以索罗斯认为情绪和有限理性导致了市场的"盛衰周期"（Boom and Burst Cycles），而要成为一个伟大的交易者则需要避免受到此种缺陷的影响，并且进而利用这些波动。索罗斯力图构建一个系统的交易框架，其中以卡尔·波普的哲学和哈耶克的经济学思想为基础，"反身性"是这个系统的核心所在。

还可以举出太多以系统交易和机械交易为原则的金融大师们，比如伯恩斯坦（短线交易大师）、比尔·威廉姆（混沌交易大师）等，太多了，实在无法一一述及。

那么，从抽象的角度来讲，我们为什么要迈向系统交易和机械交易的道路呢？请让我们给你几条显而易见的理由吧。

第一，人的认知和行为极其容易受到市场和参与群体的影响，当你处于其中超过5分钟时，你将受到环境的催眠，此后你的决策将受到非理性因素的影响，你的行为将被外界接管。而机械交易和系统交易可以极大地避免这种情况的发生。

第二，任何交易都是由行情分析和仓位管理构成的，其中涉及的不仅仅是进场，还涉及出场，而出场则涉及盈利状态下的出场和亏损下的出场，进场和出场之间还涉及加仓和减仓等问题，这些涉及多次决策，在短线交易中更是如此。复杂和高频率的决策任务使得带有情绪且精力有限的人脑无法胜任。疲劳和焦虑下的决策会导致失误，对此想必是每个外汇和黄金短线客都深有体会的。系统交易和机械交易可以流程化地反复管理这些过程，省去了不少心力成本。

第三，人的决策行为随意性较强，更为重要的是每次交易中使用的策略都有某种程度上的不一致，这使得绩效很难评价，因为不清楚 N 次交易中特定因素的作用到底如何。由于交易绩效很难评价，所以也就谈不上提高。这也是国内很多炒股者十年无长进的根本原因。任何交易技术和策略的评价都要基于足够多的交易样本，而随意决策下的交易则无法做到这点，因为每次交易其实都运用了存在某些差异的策略，样本实际上来自不同的总体，无法用于统计分析。而机械交易和系统交易由于每次使用的策略一致，这样得到的样本也能用于绩效统计，所以很快就能发现问题。比如，一个交易者很可能在 1，2，3，…，21 次交易中，混杂使用了 A、B、C、D 四种策略，21 次交易下来，他无法对四种策略的效率做出有效评价，因为这 21 次交易中四种策略的使用程度并不一致。而机械和系统交易则完全可以解决这一问题。所以，要想客观评价交易策略的绩效，更快提高交易水平，应该以系统交易和机械交易为原则。

第四，目前金融市场飞速发展，股票、外汇、黄金、商品期货、股指期货、利率期货，还有期权等品种不断翻新花样，这使得交易机会大量涌现，如果仅仅依靠人的随机决策能力来把握市场机会无疑于杯水车薪。而且大型基金的不断涌现，使得仅靠基金经理临场判断的压力和风险大大提高。机械交易和系统交易借助编程技术"上位"已成为了这个时代的既定趋势。况且，期权类衍生品根本离不开系统交易和机械交易，因为其中牵涉大量的数理模型运用，靠人工是应付不了的。

中国人相信人脑胜过电脑，这绝对没有错，但未必完全对。毕竟人脑的功能在于创造性解决新问题，而且人脑容易受到情绪和经验的影响。在现代的金融交易中，交易者的主要作用不是盯盘和执行交易，这些都是交易系统的责任，交易者的主要作用是设计交易系统，定期统计交易系统的绩效，并做出改进。这一流程利用了人的创造性和机器的一致性。交易者的成功，离不开灵机一动，也离不开严守纪律。当交易者参与交易执行时，纪律成了最大问题；当既有交易系统让后来者放弃思考时，创新成了最大问题。但是，如果让交易者和交易系统各司其职，则需要的仅仅是从市场中提取利润！

作为内地最早倡导机械交易和系统交易的理念提供商（Trading Ideas Provider），希望我们策划出版的书籍能够为你带来最快的进步，当然，金融市场没有白拿的利润，长期的生存不可能夹杂任何的侥幸，请一定努力！高超的技能、完善的心智、卓越的眼光、坚韧的意志、广博的知识，这些都是一个至高无上交易者应该具备的素质。请允许我们助你跻身于这个世纪最伟大的交易者行列！

Introduction　Secret to Become a Great Trader

◇ Greatness does not derive from mere luck!

◇ The reason that an ordinary man fails is that he hopes to achieve different outcome using the same old way!

Financial trading is the freest occupation in the world, for every trader can develop a set of profit-making methods tailored exclusively for himself. There are various specific methods of soliciting money from market; while this is the very reason that why financial market is so fascinating. However, just like the ever-changing world is indeed dictated by a few rules, the only "Holy Grail" is worshipped by numerous great traders as well. In the following, we will examine the greatest representatives among them one by one.

As a representative of Techincal Trading, Richard Dannis is known worldwide. He has accumulated a profit as staggering as 1 billion dollar while the cost was merely 2000 bucks! He has been a trader for more than a decade. The inspiring thing about him is that he conducted commodity futures trading with a technical analysis method which in essence is price acting as the core of such analysis. Nevertheless, the greatness of Richard Dannis is far beyond this which is like the greatness of Alexander was more than the great empire across both Europe and Asia built by him. Thanks to his "Turtle Plan", 6 out of the world top 10 CTA fund managers are his adherents. And the Turtle Trading Method is frantically well-known ever since for a couple of decades. Today in mainland China, a storm of "Turtle Trading Method" is sweeping across the entire country. The core of Turtle Trading Method lies in two factors: first, the philosophy of trendy trading implied in "Weeks' Rules"; second, the philosophy of mechanical trading and systematic trading implied in fund management and risk control. The so-called "Weeks' Rules" can be simplified as simples rules that going long at high and short at low within N weeks since price breakthrough. While

Trading as breaking illustrates trend following trading. If we go deeper, we will find that "Weeks' Rules" is a trading system in nature. It tells us the principle of systematic trading and the principle of mechanical trading. Well, let's just put these two principles aside and look at some amazing facts in the first place.

The greatest representatives of fundamental investment and speculation are undoubtedly Warren Buffett and George Soros. The former claimed the title of richest man in the world in 2007 again. You can imagine how powerful he is; the latter is accredited as "the only civilian who has independent diplomatic policies in the world". The two masters win these glamorous titles because of their possession of enormous wealth. In essence, it is due to unparalleled financial trading that makes them admired by the whole world. fresh with his feet in the field of investment, Buffett was regarded by the guru of Information Theory as the richest man in the future world for this guru considered that the practice by Buffett of Probability Theory is unparallel by anyone; Buffett' wife even made his investment secrets public. It is not hard to see that the trading system of Buffett is really powerful that even those technical speculators famous for quantity theory have to bow before him. Buffet said himself that 85% of his ideas are inherited from Benjamin Graham who is a representative of investing in a accountant's actuarial method which requires probability and systematic thinking. The interesting thing is that Buffett is a good player of bridge and his partner is Bill Gates! Playing bridge requires mentality of strict probability which is systematic thinking, no wonder that Buffett conquered the guru of Information Theory on bridge table and then conquered the whole financial world. From these facts we can see that even in his early plays of bridge, Buffett had shown his ambition to become king of the financial world.

Soros has written a large bucket of books among which the most famous is *The Alchemy of Finance*. In this book he tried to build a system of speculation. His teachers are Karl Popper and Hayek. The two thought that human perception has some inherent flaws, so their students Soros consequently deems that emotion and limited rationality lead to "Boom and Burst Cycles" of market; while if a man wants to become a great trader, he must overcome influences of such flaws and furthermore take advantage of them. Soros tried to build a systematic framework for trading based on economic ideas of Hayek and philosophic thoughts of Karl Popper. Reflexivity is the very core of this system.

I may still tell you so many financial gurus taking systematic trading and mechanical

trading as their principles, for instance, Bernstein (master of short line trading), Bill Williams (master of Chaos Trading), etc. Too many. Let's just forget about them.

Well, from the abstract perspective, why shall we take the road to systematic trading and mechanical trading? Please let me show you some very obvious reasons.

First. A man's perception and action are easily affected by market and participating groups. When you are staying in market or a group for more than 5 minutes, you will be hypnotized by ambient setting and ever since that your decisions will be affected by irrational elements.

Second. Any trading is composed of situation analysis and account management. It involves not only entrance but exit which may be either exit at profit or exit at a loss, and there are problems such as selling out and buying in. all these require multiple decision-makings, particularly in short line trading. Complicated and frequent decision-making is beyond the average brain of emotional and busy people. I bet every short line player of forex or gold knows it well that decision-making in fatigue and anxiety usually leads to failure. Well, systematic trading and machanical trading are able to manage these procedures repeatedly in a process and thus can save lots of time and energy.

Third. People make decisions in a quite casual manner. A more important factor is that people use different strategies in varying degrees in trading. This makes it difficult to evaluate the performance of such trading because in that way you will not know how much a specific factor plays in the N tradings. And the player can not improve his skills consequently. This is the very reason that many domestic retail investors make no progress at all for many years. Evaluation of trading techniques and strategies shall be based on plenty enough trading samples while it's simply impossible for tradings casually made for every trading adopts a variant strategy and samples accordingly derive from a different totality which can not be used for calculating and analysis. On the contrary, systematic trading and mechanical trading adopt the same strategy every time so they have applicable samples for performance evaluation and it's easier to pinpoint problems, for instance, a player may in first, second ... twenty-first tradings used strategies A, B, C, D. He himself could not make effective evaluation of each strategy for he used them in varying degrees in these tradings, but systematic trading and mechanical trading can shoot this trouble completely. Therefore, if you want to evaluate your trading strategies rationally and make quicker

progress, you have to take systematic trading and mechanical trading as principles.

Fourth. Currently the financial market is developing at a staggering speed. Stock, forex, gold, commodity, index futures, interest rate futures, options, etc, everything new is coming out. So many opportunities! Well, if we just rely on human mind in grasping these opportunities, it is absolutely not enough. The emergence of large-scale funds makes the risk of personal judgment of fund managers pretty high. Take it easy, anyway, because we now have mechanical trading and systematic trading which has become an irrevocable trend of this age. Furthermore, derivatives such as options can not live without systematic trading and mechanical trading for it involves usage of large amount of mathematic and physical models which are simply beyond the reach of human strength.

Chinese people believe that human mind is superior to computer. Well, this is not wrong, but it is not completely right either. The greatness of human mind is its creativity; while its weakness is that it's vulnerable to emotion and past experiences. In modern financial trading, the main function of a trader is not looking at the board and executing deals–these are the responsibilities of the trading system—instead, his main function is to design the trading system and examine the performance of it and make according improvements. This process unifies human creativity and mechanical uniformity. The success of a trader is derived from tow factors: smart idea and discipline. When the trader is executing deals, discipline becomes a problem; when existing trading system makes newcomers give up thinking, creativity becomes dead. If, we let the trader and the trading system do their respective jobs well, what we need to do is soliciting profit from market only!

As the earliest Trading Ideas Provider who advocates mechanical trading and systematic trading in the mainland, we hope that our books will bring real progress to you. Of course, there is no free lunch. Long-term existence does not merely rely on luck. Please make some efforts! Superb skill, perfect mind, excellent eyesight, strong will, rich knowledge—all these are merits that a great trader shall have to command. Finally, please allow us to help you squeeze into the queue of the greatest traders of this century!

译者序
江恩者，交于易

最初做交易的时候，看了一些江恩理论的相关书籍，但是这些书籍基本上都不是江恩本人的著作。在长年的交易实践中这些东西逐渐被淘汰了，因此对江恩理论并不太在意，也没有太高的评价。这就是一个从肯定到否定的过程，直到这两年有机会直接阅读江恩的一些原著，才发现他在很多问题上的见解比 Jesse Livermare（J. L.）更为透彻，因此才发现很多所谓江恩理论的书籍其实并没有抓住江恩理论的实质。这就是否定之否定的阶段，三段论其实体现了"易"的原则。

江恩强调"周期"和"点位"，周期可以用均线来表现，但是江恩更倾向于用时间本身来体现。他研究了修正走势所花的时间，这点与罗伯特·雷亚以及 J. L. 的思路类似，他们都想要通过统计手段对修正走势的时间和幅度分布做出一个"正态分布曲线"，这样他们就能预判出上涨趋势中的回调以及下跌趋势中的反弹什么时候会结束。这种思路其实是非常科学的，至少符合统计学的原理。虽然"黑天鹅事件"会让这种思路失效，但如果配合严格的止损，那么就可以在利用大概率事件的同时，限制小概率事件带来的负面冲击。

江恩注重从时间上去找规律，这种规律可以通过今天的"大数据挖掘"手段去实现，其实体现了技术分析统计化的科学进程。但是，我们在解读江恩理论的时候则更多地喜欢从玄学的角度出发，因此在理解时间周期的时候会偏离更加符合科学的路径。

早年在学习江恩理论的时候，更倾向于寻找"神奇的数字和日期"，这些做法会有一些收获，但是真正的交易实践和盈利不能靠这些东西，至少主要靠的不是这些东西，这就是一个理论大师和一个实践巨匠的鸿沟。在学习理论的时候，我们要从少到多，从无知到博学，这个过程是必然的；在实践理论的时候，我们要由博返约，从博学到超能，这个过程也是必然的。先做加法，再做减法，这是任何领域的登顶者都要经历的两个阶段。

在学习江恩理论的时候，我们喜欢做加法，这是正常的过程，我们会对江恩理论

的所有方面都感兴趣，都会花时间去钻研，从江恩的时间周期理论到市场几何学。

不过，当你落实到实践时，你可能会发现江恩在《华尔街 45 年》当中提出的 12 条法则和 24 条规则是最有价值的部分，在这个部分他更加系统地表达了 J. L.想要表达的理念。

易者，变异者也！阴阳之变，不可计数！市场之变，也不可计数！市场体现了阴阳，体现了易的本质。交易者，与市场相交也！交易者，与易相交也！江恩理论的本质在于强调周期与点位的二元性，周期与点位就是阴阳。周期者，隐而不见则为阴！点位者，显而有形则为阳！

因此，江恩者，交于易。从周期和点位入手去解读江恩，可以真正落实到实践中，可以少走弯路。把握周期和点位，落实于"截断亏损，让利润奔腾"，这才是江恩理论与交易实践的最好结合。

一家之言，偏颇之处还请大家斧正赐教！

魏强斌

2017 年 12 月 12 日于内罗毕

原著序言

　　1926 年，我仔细阅读了《盘口真规则》。这本书是 W. D. 江恩在 1923 年写的，这是一本经典之作。此后，在 1927 年我见到了江恩先生，从那以后我研读了他写的每一本著作。他在书中列出的交易法则使我收获颇大，当然前提是在正确的时机使用。

　　在书中他曾经指出："牢记一点：当你进行一笔交易时，犯错是不可避免的，因此设定停损单以便保护本金。"他给出的另外一条规则也让我印象深刻："当你困惑时，请离场。"第三句让我印象深刻的话是："当你并没有任何坚实的理由，仅是受到希望驱动去坚守头寸时，请离场！"我在这里把这些警句列出来，是因为我恪守了它们，并且因此受益匪浅。

　　能够在付印之前优先阅读江恩先生的最新著作《华尔街 45 年》，是我无上的荣幸。我强烈向大家推荐这本书，因为他在本书中展现出的内容都是他多年学习、研究和实践的结果。他是我认识的唯一一个像托马斯·爱迪生（Thomas Edison）一样孜孜不倦工作的人。

　　在这本最新著作中，短时间周期的价格修正法则对任何股票交易者而言都是非常有价值的。诸如时间周期法则、3 天走势图和 9 点转向图，以及周年日等新发现都是江恩在本书呈现的精彩内容。这些东西我并未在其他地方看到过，因此它们是江恩独一无二的发现。

　　本书囊括的交易法则不仅能够帮助一个人在市场上赚取利润，还能帮助他保住这些利润。当然，前提是学习这些法则，并且在运用的时候能够不受希望和恐惧的影响。

Clarence Kirven

原著前言

1910 年应朋友的邀请，我写了一本小册子，名为《投机：一项收入丰厚的职业》
(*Speculation：A Profitable Profession*)。在这本小册子中，我给出了一些帮助我交易制胜
的法则。

1923 年 1 月，我写了《盘口真规则》(*Truth of the Stock Tape*)，写作并且出版这本
书的初衷是帮助那些自食其力的投机者和投资者。这本书广受欢迎，饱受赞誉，大众
认为这是我的杰作。这本书确实实现了其最初的目的，因为反响热烈，大量读者的感
谢信蜂拥而至。

在我准确预测了 1929 年的大恐慌之后，大众希望我对《盘口真规则》的内容进行
更新。于是，我在 1930 年初写了一本新书，名为《华尔街选股术》(*Wall Street Stock
Selector*)。在这本书中我将自己从 1923 年开始总结出来的新东西呈现给读者。

在《华尔街选股术》一书中，我预测了"投资者大恐慌"，并姑且认为这是史上最大
的恐慌。截至 1932 年 7 月，这次预测全部应验了。在这次大恐慌中，部分股票跌到了
四五十年以来的最低点。

1932 年大恐慌之后，市场大幅回升，而我给出的交易法则帮助许多人从中大赚了
一笔。

1935 年许多粉丝请我写一本新书。为了回应他们的呼声，我在 1935 年稍晚的时候
写了第三本书《股票趋势研判术》(*New Stock Trend Detector*)。在这本书中，我归纳了
新的经验和法则，这样读者就能从中获得更大的收获。

自那以后，市场又有了许多新的变化。股票市场从我预测的 1937 年的恐慌中恢复
过来，这轮下跌在 1938 年 3 月结束，然后回升，一直涨到了 1938 年 11 月 10 日。

接着，1939 年 9 月 1 日，第二次世界大战爆发。1941 年 12 月，美国参战。大战
进行时，股市也出现了抛售潮，在持续下跌后于 1942 年 4 月 28 日见到低点。这个低
点比 1938 年的最低点还低，算得上是 1932 年以来的历史性低点。

从 1942 年 4 月 28 日这个低点开始，股市开始持续上涨，一直涨到了 1945 年 8 月

日本投降之时。

到了 1946 年 5 月 29 日，股市创出了 1929 年以来的历史高点。基于我的规则，我预测到了这轮大牛市的顶部。此后，暴跌开始，下跌一直持续到了 1946 年 10 月 30 日，在这个日期见底。

距离我撰写上一本书已经 14 年了，我在市场上的一线操作给了我许多新的经验和见解。全球处于剧烈动荡之中，投资者和投机者身处其中感到无所适从和无能为力。于是，许多人请求我撰写一本新的书来应对复杂而混乱的现实。出于帮助他人的目的，我写了这本《华尔街 45 年》。在这本书中，我和盘托出了自己的经验和见解，以便在艰难市道中普惠大众。现在，我已经 72 岁了，功名利禄于我如浮云，收入已经完全能够满足我的需要和开支了。因此，我撰写本书的唯一目的是给大家或许最有价值的礼物——知识！倘若部分读者能够从中找到适合自己的稳健投资之道，那么就没有辜负我的初衷。

W. D. 江恩

目　录

第一章

现在是否比 1932 年之前更难赚钱了

某种程度上而言，前提条件发生了变化，而这也改变了市场行为本身。

——W. D. 江恩

重大证券管理法规的公布和执行往往是投机和投资策略的一个历史性分水岭，这点很多人没看明白。

——魏强斌

很多人来信询问同样的一个问题——现在是不是比 1932 年之前更难从股票市场上赚钱了？并非如此，这就是我的答案。现在也能够如从前一样赚取足够丰厚的利润，前提是你能够挑选出恰当的股票进行买卖。

某种程度上而言，前提条件发生了变化，而这也改变了市场行为本身。例如，政府通过的相关法规对股票交易进行了管理，同时提高了保证金要求。又如，收入税法案促使交易者为了避税而不得不持股更长时间。

在目前市况发生改变的背景下，从事"刮头皮"交易不再可行，因为很难保证能够从极短时间内的波动中稳定获利。死守以前那套做法不再明智，也就是说在经纪商办公室努力解读报价纸带或盘口的做法已经不合时宜了。现在你应该将时间花在绘制和研究走势图上，这样的做法将使你受益匪浅。

现在的情况是很多挂牌交易多年的老股的波动变得十分平缓，这对短线交易者而言意味着盈利的可能性下降了。现

1933 年是美国股票交易的历史分水岭，在此之前是投机之王 Jesse Livermore（J. L.）的天下，在此之后则是投资教父格雷厄姆的天下。1933 年美国证券相关的一系列规范法规颁布，使坐庄等交易行为受到重挫。2015 年也将成为中国股票交易的历史分水岭，这一年徐翔等投机大腕倒台。

巴菲特曾经提出长期持股的一个优势，那就是在美国的资本利得等相关税法的前提下，投资者可以通过持股更长时间，减少交易频率，规避很多税收。这些税收极大地提高了你的交易成本，也扼杀了你扩大复利收益的潜能。

江恩早年的著作强调解读盘口，到了写作本书的时候，他已经开始意识到趋势比盘口更加重要。J.L. 也经历了这样的转变，如果你仔细阅读《股票作手回忆录》就会发现这种转变。盘口与超短交易，或者说"刮头皮"交易、动量交易密切相关。近十年来，日内美股交易的兴起又让这么多技术复兴起来。但是，投入本金变大、监管趋严、交易成本提升等因素都会导致这类方法失效。1932 年后，美国政府加强监管，坐庄和日内交易的一些方法受到了极大的限制，这就是江恩写作本书的大背景。

在也不存在大量 100 美元以上的大幅波动的高价股了。

1949 年 6 月 14 日，当股票跌倒极端低位的时候，有大约 1100 只股票仍在交易。但是，其中仅有 120 只股票的交易价格超过了 100 美元。这些股票大部分都是投资者们持有的优先股，它们基本都在一个狭窄的区间内交易。

还是在这个交易日，315 只股票在低于 20 美元的价位上交易；202 只股票在低于 10 美元的价位上交易；还有 83 只股票在低于 5 美元的价位上交易。这些低价股加起来总计有 600 只，换句话说有超过一半的股票在低于 20 美元的价位上交易。大部分股票都是低价股，在这种背景下意味着你很难"刮头皮"，只能从长期持有中寻找获利的可能。

【深入解读和实践指南】1-1 低价股与大盘的阶段

通过统计低价股的数量和比例可以洞悉目前大盘所处的阶段，这个方法在 A 股市场上也经常被用到。**从历史经验看，市场重要底部的一个典型特征是低价股数量大幅增加。**

例如，2005 年 6 月 6 日的 998 点，当时 1317 只个股均价为 4.7 元；1 元股有 62 只，占比 4.71%；3 元以下个股 326 只，占比 24.75%；5 元及 5 元以下个股 1044 只，占比 79%。

又如，2008 年 10 月 28 日的 1664 点，1 元股有 39 只，占比 2.46%；3 元以下个股 362 只，占比 22.83%；5 元及 5 元以下个股 1080 只，占比 68%。上述数据表明两次历史大底时，低价股，尤其是 5 元以下个股数量都是上千只，从比例看均超过 60%。上述 A 股数据与江恩给出的美股数据有着共同的特征。

普通交易者具体如何确认低价股的数目呢？很多股票软件都具有个股排序功能。我以通达信为例来说明，点击界面下方的"A 股"（见图 1-1），这样就进入所有 A 股的列表了。然后，你再点击上面的"现价"，进行升序排列，也就是价格从低到高排列。这样你就可以定期跟踪定价股的数目了，如本例当天 3 元及以下个股的数目就是 17 只（见图 1-2）。你可以将这个数字记下来，这样你就能有一个比较客观的数据可以洞悉市场情绪和价值投资的机会。

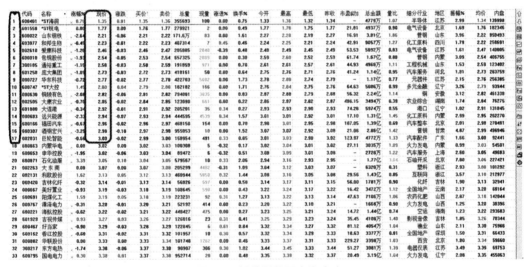

行情报价 资金驱动力 资金博弈　　　　自选管理 多股同列 定制版面 数据浏览

	代码	名称	涨幅%	现价	涨跌	买价	卖价	总量	现量	涨速%	换手%	今开	最高	最低	昨收	市盈(动)	总金额	量比	细分行业	地区	振幅%	均价	内盘
1	000001	平安银行	-1.30	11.39	-0.15	11.38	11.39	743343	5324	0.00	0.44	11.49	11.68	11.35	11.54	7.66	8.52亿	0.81	银行	深圳	2.86	11.46	460196
2	000002	万科A	-4.28	28.19	-1.26	28.19	28.20	455428	8519	-0.03	0.47	29.23	29.52	28.05	29.45	21.04	13.1亿	0.89	全国地产	深圳	4.99	28.65	255605
3	000004	国农科技	-1.86	23.16	-0.44	23.15	23.16	4791	88	-0.16	0.58	23.60	23.66	23.03	23.60	–	1121万	0.62	生物制药	深圳	2.67	23.41	3059
4	000005	世纪星源	-1.52	4.55	-0.07	4.54	4.55	55793	922	0.22	0.59	4.62	4.63	4.52	4.62	–	2543万	1.01	房产服务	深圳	2.38	4.56	32143
5	000006	深振业A	–	–	–	–	–	0	0	–	0.00	–	–	–	9.85	29.41	0.0	0.00	区域地产	深圳	0.00	9.85	0
6	000007	全新好	–	–	–	–	–	0	0	–	0.00	–	–	–	16.66	419.14	0.0	0.00	酒店餐饮	深圳	0.00	16.66	0
7	000008	神州高铁	0.76	9.24	0.07	9.24	9.25	211391	8093	0.22	1.06	9.17	9.27	8.80	9.17	160.19	1.91亿	1.56	运输设备	北京	5.13	9.05	120922
8	000009	中国宝安	-2.39	7.77	-0.19	7.77	7.78	217027	1682	-0.12	1.02	7.96	7.98	7.66	7.96	69.40	1.69亿	1.14	综合类	深圳	4.02	7.81	137639
9	000010	美丽生态	1.72	5.91	0.10	5.91	5.92	370040	4984	0.17	7.09	5.81	5.95	5.77	5.81	286.45	2.17亿	0.88	建筑施工	深圳	3.10	5.87	158364
10	000011	深物业A	-0.99	18.91	-0.19	18.91	18.92	44269	797	-0.10	2.52	18.92	19.08	18.70	19.10	14.67	8331万	0.71	区域地产	深圳	1.99	18.82	24824
11	000012	南玻A	-0.71	8.40	-0.06	8.39	8.40	137097	1813	0.24	0.92	8.41	8.44	8.29	8.46	21.15	1.15亿	1.29	玻璃	深圳	1.77	8.37	79140
12	000014	沙河股份	-0.43	16.16	-0.07	16.15	16.16	11750	317	-0.18	0.58	16.10	16.25	16.04	16.23	549.77	1896万	0.86	全国地产	深圳	1.29	16.13	8175
13	000016	深康佳A	1.18	5.99	0.07	5.99	6.00	126745	1079	0.00	0.79	5.97	6.01	5.87	5.92	83.96	7537万	0.77	家用电器	深圳	2.36	5.95	56065
14	000017	深中华A	0.28	7.18	0.02	7.17	7.18	15658	186	-0.27	0.52	7.17	7.29	7.15	7.16	–	1130万	0.96	文教休闲	深圳	1.96	7.22	8498
15	000018	神州长城	-0.83	7.20	-0.06	7.20	7.21	49344	619	0.14	0.65	7.25	7.25	7.16	7.26	22.34	3553万	0.71	装修装饰	深圳	1.24	7.20	30161
16	000019	深深宝A	–	–	–	–	–	0	0	–	0.00	–	–	–	12.15	–	0.0	0.00	软饮料	深圳	0.00	12.15	0
17	000020	深华发A	-9.27	20.75	-2.12	20.74	20.75	188902	2373	0.73	10.43	22.71	22.78	20.59	22.87	12652.01	4.09亿	6.56	元器件	深圳	9.58	21.66	88324
18	000021	深科技	-0.11	9.16	-0.01	9.16	9.17	108811	1097	0.11	0.74	9.11	9.35	9.10	9.17	21.55	1.00亿	0.98	电脑设备	深圳	2.73	9.20	58517
19	000022	深赤湾A	-0.12	24.41	-0.03	24.41	24.47	19847	104	0.21	0.43	24.51	24.77	24.22	24.44	26.80	4852万	0.66	港口	深圳	2.25	24.45	9586
20	000023	深天地A	-0.48	22.85	-0.11	22.83	22.85	11845	117	-0.08	0.85	22.94	22.98	22.30	22.96	70.25	2690万	1.65	其他建材	深圳	2.96	22.71	5848
21	000025	特力A	-0.07	43.16	-0.03	43.16	43.17	16866	507	-0.01	0.87	43.05	43.60	43.00	43.19	236.99	7292万	0.59	汽车服务	深圳	1.39	43.23	9362
22	000026	飞亚达A	-0.09	11.38	-0.01	11.38	11.39	21908	354	-0.08	0.61	11.44	11.51	11.32	11.39	27.42	2503万	0.57	其他商业	深圳	1.67	11.43	13150
23	000027	深圳能源	-0.31	6.33	-0.02	6.32	6.33	39009	86	0.16	0.10	6.34	6.37	6.30	6.35	23.42	2469万	0.82	火力发电	深圳	1.10	6.33	24452
24	000028	国药一致	-3.46	62.85	-2.25	62.83	62.85	17284	247	0.05	0.56	65.16	65.45	62.80	65.10	25.13	1.11亿	1.57	医药商业	深圳	4.07	64.00	11446
25	000029	深深房A	–	–	–	–	–	0	0	–	0.00	–	–	–	11.17	56.66	0.0	0.00	区域地产	深圳	0.00	11.17	0
26	000030	富奥股份	0.00	8.40	0.00	8.39	8.40	53223	569	0.00	0.43	8.40	8.65	8.35	8.40	12.64	4483万	0.94	汽车配件	吉林	3.57	8.42	25202
27	000031	中粮地产	–	–	–	–	–	0	0	–	0.00	–	–	–	8.00	20.69	0.0	0.00	全国地产	深圳	0.00	8.00	0
28	000032	深桑达A	-3.03	11.54	-0.36	11.53	11.54	26865	198	0.17	0.96	11.96	12.00	11.15	11.90	81.17	3109万	1.44	元器件	深圳	7.14	11.57	16187
29	000034	神州数码	–	–	–	–	–	0	0	–	0.00	–	–	–	21.60	33.88	0.0	0.00	综合类	深圳	0.00	21.60	0
30	000035	中国天楹	–	–	–	–	–	0	0	–	0.00	–	–	–	6.72	48.54	0.0	0.00	环境保护	江苏	0.00	6.72	0
31	000036	华联控股	-1.70	9.26	-0.16	9.25	9.26	113883	1531	0.00	1.00	9.44	9.46	9.22	9.42	7.33	1.06亿	0.98	全国地产	深圳	2.55	9.31	79579
32	000037	深南电A	-1.69	8.15	-0.14	8.14	8.15	9575	62	0.12	0.28	8.30	8.33	8.10	8.29	–	784万	0.50	火力发电	深圳	2.77	8.18	6033
33	000038	深大通	–	–	–	–	–	0	0	–	0.00	–	–	–	19.78	29.10	0.0	0.00	广告包装	深圳	0.00	19.78	0

图 1-1 低价股数目查询（1）

	代码	名称	涨幅%	现价	涨跌	买价	卖价	总量	现量	涨速%	换手%	今开	最高	最低	昨收	市盈(动)	总金额	量比	细分行业	地区	振幅%	均价	内盘
1	600401	*ST海润	0.75	1.35	0.01	1.35	1.36	355693	100	0.00	0.75	1.33	1.36	1.32	1.34	–	4779万	1.07	半导体	江苏	2.99	1.34	139998
2	601558	*ST锐电	0.00	1.77	0.00	1.76	1.77	279921	2	0.00	0.49	1.77	1.78	1.75	1.77	21.81	4937万	0.90	电气设备	北京	1.69	1.76	182346
3	600022	山东钢铁	-2.64	2.21	-0.06	2.21	2.22	171.6万	83	0.00	1.61	2.27	2.28	2.19	2.27	16.91	3.81亿	1.86	普钢	山东	3.96	2.22	850493
4	603077	和邦生物	-0.49	2.23	-0.01	2.22	2.23	407314	7	0.45	0.46	2.24	2.25	2.21	2.24	42.91	9057万	1.27	化工原料	四川	1.79	2.22	258691
5	002610	爱康科技	-1.20	2.46	-0.03	2.46	2.47	205885	2848	-0.39	0.48	2.48	2.49	2.45	2.49	53.53	5092万	0.83	电气设备	江苏	1.61	2.47	140005
6	600010	包钢股份	-1.93	2.54	-0.05	2.53	2.54	657325	2009	0.00	0.30	2.59	2.60	2.52	2.59	61.74	1.67亿	0.88	普钢	内蒙	3.09	2.54	406755
7	300185	通裕重工	-1.19	2.58	-0.03	2.58	2.59	191859	971	0.00	0.70	2.61	2.61	2.57	2.61	44.93	4968万	1.11	工程机械	山东	1.53	2.59	123402
8	601258	庞大集团	-1.09	2.73	-0.03	2.72	2.73	418161	50	0.00	0.64	2.75	2.76	2.71	2.76	41.24	1.14亿	0.95	汽车服务	河北	1.81	2.73	263759
9	000727	华东科技	-0.72	2.77	-0.02	2.77	2.78	422703	5682	0.00	1.73	2.78	2.80	2.74	2.79	–	1.17亿	0.77	元器件	江苏	2.15	2.76	256385
10	600747	*ST大控	1.45	2.80	0.04	2.79	2.80	182182	166	0.00	1.71	2.76	2.84	2.75	2.76	64.63	5086万	0.99	多元金融	辽宁	3.26	2.79	93944
11	000630	铜陵有色	-2.08	2.82	-0.06	2.81	2.82	794081	3035	0.00	0.83	2.87	2.88	2.79	2.88	56.32	2.24亿	1.14	铜	安徽	3.12	2.82	461338
12	002505	大康农业	-0.70	2.85	-0.02	2.84	2.85	123090	661	0.00	0.22	2.86	2.87	2.82	2.87	496.15	3494万	0.39	农业综合	湖南	1.74	2.84	76275
13	601880	大连港	-0.34	2.92	-0.01	2.91	2.92	205201	35	0.34	0.27	2.93	2.93	2.90	2.93	74.28	5974万	0.55	港口	辽宁	1.02	2.91	131845
14	000683	远兴能源	-2.33	2.94	-0.07	2.93	2.94	444595	4579	0.34	1.57	3.01	3.01	2.92	3.01	17.10	1.31亿	1.45	化工原料	内蒙	2.99	2.95	262270
15	600166	福田汽车	-0.67	2.96	-0.02	2.96	2.97	468150	154	0.00	0.70	2.98	3.01	2.95	2.98	107.05	1.39亿	0.69	汽车整车	北京	2.01	2.98	270481
16	600307	酒钢宏兴	-3.29	2.98	-0.10	2.97	2.98	955053	10	0.00	1.52	3.07	3.07	2.92	3.08	21.06	2.86亿	1.42	普钢	甘肃	4.87	2.99	496946
17	002031	巨轮智能	-0.66	3.00	-0.02	2.99	3.00	158954	491	0.33	0.85	3.01	3.03	2.98	3.02	123.97	4772万	1.33	汽车配件	广东	1.66	3.00	92441
18	600863	内蒙华电	0.00	3.02	0.00	3.02	3.03	100308	5	-0.32	0.17	3.02	3.04	3.01	3.02	27.11	3035万	1.09	火力发电	内蒙	0.99	3.03	54501
19	600653	申华控股	-1.95	3.02	-0.06	3.03	3.04	89472	6	-0.32	0.51	3.08	3.09	3.01	3.08	–	2728万	1.22	汽车服务	上海	2.60	3.05	49683
20	600871	石化油服	3.39	3.05	0.10	3.04	3.05	579567	10	0.33	2.06	2.94	3.16	2.93	2.95	–	1.77亿	3.04	石油开采	北京	7.80	3.06	227421
21	002263	大东南	0.00	3.07	0.00	3.07	3.08	205299	4492	-0.31	1.09	3.04	3.12	3.03	3.07	–	6320万	0.31	塑料	浙江	2.93	3.08	101292
22	002131	利欧股份	1.62	3.13	0.05	3.12	3.13	460944	5858	0.32	1.44	3.08	3.16	3.05	3.08	29.56	1.43亿	0.85	互联网	浙江	3.57	3.10	212977
23	000420	吉林化纤	-0.32	3.14	-0.01	3.13	3.14	56826	597	0.00	0.58	3.14	3.17	3.11	3.15	56.00	1781万	0.90	化纤	吉林	1.90	3.13	32941
24	000667	美好置业	-0.93	3.19	-0.03	3.18	3.19	108645	590	0.00	0.43	3.22	3.24	3.17	3.22	16.42	3472万	1.12	全国地产	云南	2.17	3.20	69164
25	600691	阳煤化工	1.59	3.19	0.05	3.18	3.19	223231	92	0.31	1.27	3.13	3.22	3.13	3.14	47.63	7106万	1.06	农药化肥	山西	2.87	3.18	142044
26	000767	漳泽电力	-0.31	3.20	-0.01	3.20	3.21	52192	414	0.00	0.23	3.20	3.22	3.18	3.21	–	1666万	0.90	火力发电	山西	1.25	3.20	30396
27	600221	海航控股	-0.62	3.22	-0.02	3.21	3.22	448427	475	0.00	0.27	3.23	3.25	3.21	3.24	14.72	1.44亿	0.74	空运	海南	1.23	3.22	293683
28	601929	吉视传媒	0.93	3.27	0.03	3.26	3.27	126016	23	0.31	0.41	3.25	3.29	3.23	3.24	35.45	4108万	1.40	影视音像	吉林	1.85	3.26	70344
29	600467	好当家	-0.90	3.29	-0.03	3.28	3.29	122845	6	0.61	0.84	3.32	3.34	3.27	3.32	81.12	4054万	1.04	渔业	山东	2.11	3.30	75966
30	600162	香江控股	-0.60	3.31	-0.02	3.31	3.32	101957	10	0.30	0.57	3.32	3.34	3.29	3.33	18.63	3377万	0.81	全国地产	深圳	1.50	3.31	66433
31	000882	华联股份	0.00	3.33	0.00	3.33	3.34	101748	1262	0.00	0.46	3.33	3.37	3.31	3.33	229.27	3398万	1.03	百货	北京	1.80	3.34	59660
32	300217	东方电热	-1.74	3.38	-0.06	3.37	3.38	90907	306	0.30	1.02	3.44	3.45	3.33	3.44	51.27	3081万	1.39	电器仪表	江苏	3.49	3.39	69753
33	600795	国电电力	0.30	3.38	0.01	3.37	3.38	952714	20	0.00	0.48	3.35	3.39	3.32	3.37	20.49	3.19亿	1.04	火力发电	辽宁	2.08	3.35	455063

图 1-2 低价股数目查询（2）

最近几年，许多股价股宣布分红，进行分拆，这就使更多的股票现在处于低价区域。

1. 同样的本金，更大的利润

相比几年前，你现在能够用同样的本金赚取更大的利润了。举例来讲，假设一只股票的成交价格是 100 美元，而你想要购买 100 股。如果是以前的情况，那么你一共需要拿出 1 万美元，也就是全额付款。但现在情况就不同了，你只需要付出 5000 美元，就能购买市值 1 万美元的股票了，这就是 50% 的保证金交易。倘若这只股票此后上涨了 10 美元，那么你就能赚 1000 美元，或者说本金的 20%。

> 保证金制度加大了需求的波动，这点与房地产按揭贷款一样。保证金制度将需求成倍扩大，这是金融泡沫的根源之一，也是投机客的大机会来源。

现在再看一种情况，假设你买入了 1000 股卖价为 10 美元的股票，当然是基于 50% 的保证金，也就是你花了 5000 美元。倘若这只股票此后上涨了 5 美元，那么你就能获利 5000 美元，也就是说你的资本翻了一番。

> 江恩早年的交易策略基本上是纯粹投机的，人到暮年之时，他开始尝试将价值投资的因素引入股票交易中。这就是对低价蓝筹股的重视。当然，他也不忘投机客可以利用的一切优势，如保证金交易。

现在的市况下，我们面对大量低价蓝筹股，如果你能够好好利用上述保证金制度带来的优势，那么你仍旧能够像以前一样从股票市场中大举获利。

2. 成交量下降

> 重大证券管理法规的公布和执行往往是投机和投资策略的一个历史性分水岭，这点很多人没看明白。投资的空间有多大，投机的空间有多大，不是交易者说了算，这点需要看透。

最近几年，纽交所的股票成交量大幅下降，原因是大众倾向于买入股票进而长期持有。**自从各种证券交易管理法规公布以来，股票中的庄家和坐庄行为都销声匿迹了。**当然，这并不意味着牛市也会一去不复返了。随着投资风格的变化，大量的优质股票将逐渐集中到长期投资者手中，也就是说流通的筹码逐渐集中起来。当某个事件驱动突然引发一波购买浪潮时，买家会突然发现可供买入的浮动筹码非常稀少，因

此不得不高价求购。

常见的情况是股票价越高，追买的人就越多。这一特点往往在牛市最后阶段带来气势如虹的最后一波疯狂飙升。历史在华尔街不断轮回上演，过去发生过的事情未来还会再度上演。

> 江恩对金融交易的许多见解可能要比 J. L. 更深，因为从江恩的著作中你可以找到更多发人深省的经典句子。例如，"History repeats on Wall Street and what has happened in the past will happened in the future."

【深入解读和实践指南】1–2　成交量异常值与指数阶段

刚入门的股市新手更重视价格指标，而非成交量。因此，成交量相对价格是被大众忽视了的信号。成交量非常重要，因为价格的阶段性高低点往往与成交量有密切的关系。

较为资深的股票投机客往往非常注重成交量，特别是成交量的异常值。所谓成交量异常值主要是指地量和天量。个股和指数的地量和天量都非常有价值。对于个股而言，天量的含义较为复杂。个股的天量与大盘的天量一起出现，则表明个股受到了整体氛围的影响。除非大盘处于低位且受到重大突发利好的影响，否则这个时候往往市场整体表现出乐观狂热，市场要么大幅调整，要么转为下跌趋势。

个股的地量后如果股价不跌破该日最低价，则可能是阶段性见底信号，特别是此前股价处于上涨阶段。但如果股价缩量下跌，那么地量并非是止跌信号。

指数的天量往往出现在狂热阶段，一旦出现天量指数要么是趋势见顶（见图 1–3），

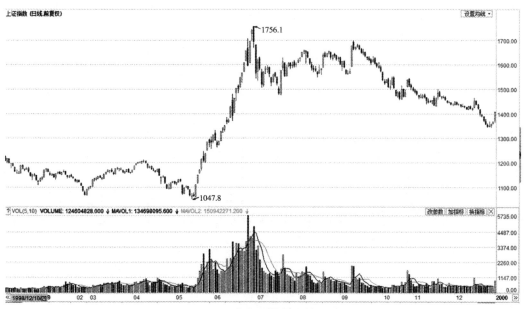

图 1–3　指数天量与趋势见顶

要么是阶段性回调。但是，天量的概念具有一定的模糊性，因为天量之后指数可能继续上涨，同时天量之后还有天量。因此，除非指数在天量后出现连续数日下跌，否则不能确认为转势。

指数见顶除了关注天量之外，还应该关注媒体的乐观口径是否一致，如果大众蜂拥入市，人人高论股市，则意味着股市在顶部附近。可以简单地将指数大顶部特征归纳为：

（1）天量；

（2）数日下跌，跌破天量日低点；

（3）市场处于一致看多的乐观阶段，全民论股。

指数天量涉及系统风险规避，而指数出现地量则意味着机会捕捉。指数出现地量后未必马上见底，但是如果连续出现地量，也就是地量群出现，则往往意味着市场情绪低迷，割肉的资金已经差不多了，愿意买入的资金也不多。此后，如果价格不显著跌破地量群最低点，则大盘见大底的概率极高（见图 1-4 和图 1-5）。

指数、成交量异常值和市场情绪，三者要结合起来观察，这样才能提高判断的准确度。但是，任何判断都有失误的可能性，因此止损和仓位管理是必备的措施。

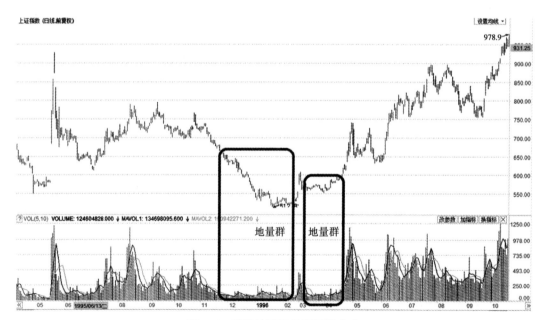

图 1-4　指数地量与趋势见底（1）

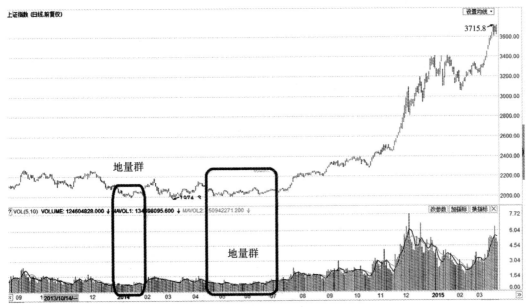

图 1-5　指数地量与趋势见底（2）

　　1946 年 1 月美国政府发布了一项法规，要求每个股票交易者必须支付 100% 保证金，也就是说必须付清全款。当时整个美国股市正处于高位运行，此前已经持续上涨了 3 年半了。这是否意味着政府推出的这项法规真的能够阻止大众购买股票呢？答案是并没有，因为此后股指继续上涨了 20 多点，上涨时间又延续了 5 个多月，最终在 1946 年 5 月 29 日这天见顶。这个例子表明只要大众处在看多的氛围之中，市场趋势向上，则政府的行为也不可能让上涨的势头停下来。

　　政府的行为不仅没有浇灭大众的热情，反而使大量的股票交易者认定政府之所以要采取这样的行为，是因为预期到后续还有更加猛烈的上涨行情。持有这种想法的交易者们当然是加码买入了，这个时候他们根本不管保证金提高的要求。

　　我的经验教导我说，只要时间周期表明趋势向上，则什么也不能阻止趋势向上；只要时间周期表明趋势向下，则什么也不能阻止趋势向下。股票能够也确实会在坏消息出现时上涨，在好消息出现时下跌。

　　1949 年 3 月，政府又将股票的保证金要求下调到 50%。

　　一般的股票交易者容易犯线性思维的错误。他们认为利多题材出现，股价应该上涨；利空消息出现，股价应该下跌。这一点认知偏差很容易被市场主力所利用。我在《题材投机》一书中对题材性质进行了分类，题材性质决定了此后股价的涨跌。任何消息或者说题材都可以归为下面六类之一：持续利多、持续利空、一次性利多、一次性利空、最后一次利多、最后一次利空。江恩这里说的坏消息出现时股价上涨，基本指的是最后一次利空，或者是一次性利空；江恩这里说的好消息出现时股价下跌，基本指的是最后一次利多，或者是一次性利多。

不少人认为这一举措是利多的，一轮牛市呼之欲出，但此后的情况并不如这些人预料的那样。股市仅反弹了两天，3 月 30 日股市再度见顶，此后股指下跌了超过 18 个点，一直跌到了 6 月 14 日。股票下跌是因为趋势向下，时间周期显示底部还未到来。

【深入解读和实践指南】1-3 股市的驱动因素不仅是流动性

在某些情况下流动性会主导股市，那么这个"某些情况"到底是什么情况呢？要准确地解答这个问题，必须搞清楚股市涨跌的根本决定因素。股市的涨跌其实是由三个因素决定的：

（1）上市公司的整体业绩；

（2）流动性；

（3）风险偏好。

一般而言，只要上市公司的构成与整个国民经济的构成差不多，那么上市公司的整体业绩与经济周期有高度的正相关性。但是，股价是按照业绩预期来运动的，股价领先于实际业绩，并且受到后者的修正。但是，业绩也不能完全主导指数，还要看流动性和风险偏好。

指数可以在没有业绩的情况下大涨，这就是流动性与风险偏好的共同发力，如 2015 年上半年的 A 股疯涨（见图 1-6），就是流动性异常宽松、配资盛行加上"一带一路"和"新国企改革"等重大题材发动的。

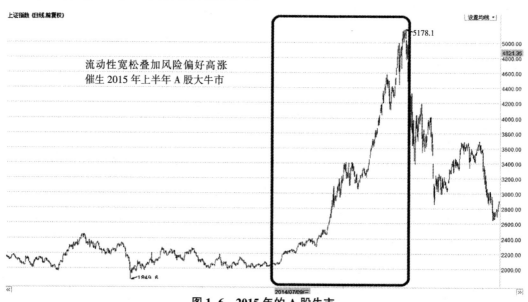

图 1-6　2015 年的 A 股牛市

重大题材改变了风险偏好，如果仅是流动性宽松，很难出现重大牛市，最多是资产价值重估行情，几乎不可能出现大牛市。2005~2007 年的大牛市则是业绩、流动性和风险偏好三重因素共同驱动的大牛市。

因此，**如果仅是降低利息等流动性宽松措施，并不能造就牛市，至少还需要风险偏好的改变**。如何改变风险偏好呢？如出台大规模刺激措施，有极大想象空间和持续重大举措的大政策等。

那么，如果流动性不宽松是不是股市就会走熊呢？也不是，在牛市中期阶段会出现，持续加息与股市持续走牛并存的局面，这个时候就是业绩和风险偏好在主导股市了。

3. 股票表现的分化

最近几年，市场已经变得比此前的情况更加复杂了，股票不再是简单的同涨同跌。一些股票在上涨的同时，另外一些股票却在下跌。这种现象的出现是因为不同行业的驱动因素、结构和条件差异导致的。假设你能够坚持绘制和研判月度高低价走势图（Monthly High and Low Chart）的话，那么你就能高效地处理上述分化现象，并且能够更好地把握个股走势。

个股表现分化、热点散乱、板块走势分化，这些背离现象背后其实有着一些共同的特征，如经济结构转型，市场处于牛市末期或者是熊市还未结束等。随着价值投资主导市场，分化这种现象也会经常出现。

月度高点和低点是比较重要的支撑和阻力位置，江恩的这套方法与唐奇安隧道突破法、达瓦斯箱体交易法、海龟交易法、威廉欧奈尔CANSLIM投资法都有共同之处，这就是"突破参考点"。

4. 你在股票上亏钱的原因和解决之道

为什么绝大多数的人从事股票交易都是亏钱的？主要原因有三个：

第一，他们总是在买卖的时候过度交易，相对于他们的资本而言，他们的交易金额过大。

第二，他们在交易股票的时候不设定止损，不限制他们

业界有一句流行多年的话也是用来概括交易者亏损原因的："逆势，重仓，不止损！"这句话其实与江恩指出的原因基本上是重合的，江恩讲的过度交易其实就是"重仓"。第二条就是"不止损"。缺乏专业知识，所谓的"知识"在江恩看来就是关于"趋势的知识"，江恩理论喜欢围绕转折点做文章，但是这些转折点中最为重要的就是趋势转折点。所谓的时间周期其实也是对趋势运行节奏的研究。

交易是一门职业，不过绝大多数人却只把它当作业余爱好，想要轻松地赚快钱、赚大钱。结果往往是事与愿违！专业化地交易是亏钱的唯一解决之道！这就是江恩在本小节要提出的忠告。

我这些年在与几个 A 股市场投机界的大咖交流时，他们也强调搞清楚股价涨跌的原因是最重要的一个任务。当然，这个原因可以是题材，也可以是价值，但绝不是纯技术面的。江恩早年信奉纯技术的东西，写作《华尔街 45 年》的时候已经开始转向综合分析了。

的亏损。

第三，缺乏专业知识，这也是最为重要的一个原因。

大部分人仅因为抱着上涨获利的希望而购买股票。他们要么听从小道消息，要么听从别人的建议和观点，自己却丝毫不了解相关股票的任何具体情况。所以，他们在市场中采取了错误的行为，而且也没有及时认识到自己的错误，更没有努力去扭转这些错误。此后，他们卖出股票是因为恐惧价格进一步走低，亏损扩大，非理性的决策使他们常常卖在股价最低的时候，结果自然是在错误的时候退出。就这样他们连续犯了两个错误，在错误的时机买入，在错误的时机卖出。其中一个错误完全是可以避免的，因为他们本来能够在错误的买入后及时止损出场的，但是却没能这样做。他们并没有意识到股票和商品交易是一门严肃的生意或职业，就如同工程师或医生的职业一样。

5. 你应该学会判断股市的大势

你或许曾经尝试过按照市场评论和报告进行股票交易，从而像大众一样亏钱或者难以获利。原因何在呢？因为市场评论和报告通常会列出非常多的备选股，而你往往从中选择了表现糟糕的一只，进而亏了钱。一个理性的人不会盲目地跟随他人，即便这个人的观点和做法是正确的。毕竟，当你也不知道依据是什么的时候，自己怎么能够有信心地依据别人的结论去行动呢？**当你能够亲自搞清楚并且知道某只股票上涨或者下跌的原因时，你就能够信心十足地据此采取行动进而获利了。**

为了搞清楚涨跌的原因，你就应该研习我所有的交易原则，并据此绘制个股和指数的走势图。如果你能这样去努力，那么你不会盲从别人的建议，因为你自己就能够在历经长期

实践检验的规则指导下洞悉市场未来的趋势。

【原著名言采撷】

1. Remaining in the broker's office and trying to read the tape is out of date. You will benefit by spending your time making up charts and studying them.

2. There are no longer any pools or manipulation in stocks since the passing of the Security Exchange Regulations.

3. History repeats on Wall Street and what has happened in the past will happen again in the future.

4. They do not realize that operating in stocks and commodities is a business or a profession, the same as engineering is a business or the medical profession.

5. My experience has taught me that nothing can stop the Trend as long as the Time Cycle shows Up-Trend. Nothing can stop its decline as long as the Time Cycle shows Down.

6. A smart man can not follow another man blindly even though the other man is right, because you can not have confidence and act on advice when you do not know what it is based on.

这十几年在阅读江恩的原著时，发现他的文笔恐怕比 J. L. 更能一针见血。很多时候，他一句话就把 J. L. 欲言又止的话题挑明了。这些精辟的句子，我在阅读的时候都专门勾画了出来，现在我把它们放在每章结尾。我并不打算再度翻译一遍，因为原汁原味的句子才能让你感受到江恩的睿智之处，才有味道。

第二章

股票交易的法则

倘若你不知道放置止损单的位置，那么你就根本不应该从事这笔交易。

——W. D. 江恩

任何行为都存在错误的可能性，任何假设都存在错误的可能性。符合科学精神和原理的行为以及假设务必都坚守"可证伪性"，而止损单的设定就是为了坚守"可证伪性"。

——魏强斌

为了在股市中盈利，你必须先掌握相关的知识；你必须在无谓的损失发生之前开始学习。很多交易者盲目地进入股市，以至于在意识到准备不足之前就已经遭受了重大的亏损和挫折。我将把自己超过 45 年的股票交易经验倾囊相授，同时给出了能够使你成功交易的诸多规则，前提是你能够知行合一。

进入股市时要搞清楚的第一要事是你的任何一笔交易都存在错误的可能性，因此你务必要明白怎样才能纠正这种错误。纠正错误的具体方法是在你买入的价位之下的 1~3 点处设定止损单来限制你承受的风险。如果你这样去操作，即便研判有误，也可以全身而退。同时，如果再度出现明确的进场信号，你可以重新入市。不要主观臆测，要按照清晰而明确的规则和规则下的明确信号进行交易。你这样去行动就会得到让你真正成功的更优机会。

任何行为都存在错误的可能性，任何假设都存在错误的可能性。符合科学精神和原理的行为以及假设务必都坚守"可证伪性"，而止损单的设定就是为了坚守"可证伪性"。索罗斯的"反身性理论"和巴菲特的"能力圈理论"都是基于对这一点的深刻认知。

研读我在下列书中提出的所有规则和范例，将它们与本书中提出的 12 条规则和 24 条法则结合来学习：《江恩盘口真规则》（*Truth of the Stock Tape*）、《江恩华尔街选股术》（*Wall Street Stock Selector*）以及《江恩股票趋势研判术》（*New Stock Trend Detector*）。这些规则和法则是经过检验的，倘若你认真研习它们，那么必然有所收益。但是，你需要记住一点，那就是永远不可能不劳而获，永远需要准备好并且采取行动去学习一些新东西，永远不要认为自己无所不知。如果你故步自封，那么不可能取得更大的进步和提高。时空就在变动之中，你也必须与之俱进。当然，变动之中也有不变，这就是人性，这就是历史不断重演、股市不断轮回的根源所在。

> 交易盈利就是要利用对手盘的非理性，而这种非理性就是我们一般泛泛而谈的人性。人性的存在是亿万年生存进化的沉淀，短期内不可能有显著的变化。你看了社会生物学的相关文献就会明白什么是人性，而人性又是如何植根于进化和基因的。交易者就是要利用人类的生存本能，这些本能帮助了个体和群体的生存与繁衍，但是却阻碍了你的交易持续获利。

1. 规则一：确认趋势

首先你需要确定指数的趋势，如道·琼斯 30 工业指数或者是道·琼斯 15 公用事业指数，又或者是任何你交易股票所在的板块指数。接着，从你想要交易的板块中选出个股，并查看其走势是否与指数趋势一致。你应该基于 3 日图（3-Day Chart）和 9 点平均波动图（9-Point Average Swing Chart）对指数趋势进行研判，在研判中运用我提出的所有规则，以便决定买卖时机。

> 每一个交易高手必然有自己的趋势确定套路，江恩的 3 日图和 9 点平均波动图就是这类方法。

2. 规则二：在单底、双重底和三重底买入

在双重底和三重底买入，又或者在接近以前高点、低点或支撑阻力位的单底附近买入。记住下面这条规则：当价格

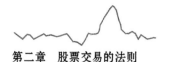

突破先前的头部并且回落确认，或者是稍微跌破后企稳，那么这些头部就变成了底部、支撑位和买点。同样，在单顶、双重顶和三重顶附近卖出，你也需要记住如果价格跌破了某个顶部若干点，然后反弹到这个顶部附近，那么这就是一个卖出点。当你进场时，你必须确定一个恰当的位置来放置止损单，并且立即将这个止损单告知经纪人以便及时执行。**倘若你不知道放置止损单的位置，那么你就根本不应该从事这笔交易。**

上述规则还有一个不能忽视的情况，那就是当市场指数或者个股价格第四次触及同一点位时，这个时候卖出就不太安全了，因为这种情况下指数或者价格基本上都是向上突破的。**你也可以将这条规则套在第四次跌到同一点位的情况，**这种情况出现时价格往往会继续下跌。

我们再专门讲一下双重顶和双重底的含义。指数的双顶位于3~5个点的范围之内，也就是两个顶的点位相差不过3~5个点。不过，排除那些较为极端的情况，大多数的双重顶基本上都在1~2个点的范围之内。双重底的情况也类似，如果几年前在相同水平附近存在一个底部，那么指数可能会跌破这个底部4~5个点，但这并不意味着价格会继续大幅走低，而是很可能就此形成双重底，甚至进一步形成三重底。

再来谈个股的情况，个股一般会在2~3个点的范围内形成双重顶部，有时候也会在1~2个点的范围内形成双重顶部。个股形成双底的情况类似，一般也是在2~3个点的范围内形成双重底，有时候则是在1~2个点的范围内形成双重底部。做空的止损单应该放置在双重顶或者三重顶之上1~3个点的区域，具体取决于你在多高的价位做空；做多的止损单应该放置在双重底或者三重底之下1~3个点的区域。

当市场指数或者个股价格第三次来到同一点位时，三重顶或三重底就形成了，这往往是最安全的交易机会，因为指数或者价格在脱离三重底或者三重顶的时候会更快。

四重底部和顶部是不太可能出现的，这就是江恩的论断。在近期，当价格第四度来到某一点位时，这表明这一区域的阻力和支撑作用已经消失了，这类似于我提出的"顶位"。当价格在区间顶部横盘整理，那么向上突破的可能性就很大；当价格在区间底部横盘整理，那么向下突破的可能性也很大。艾略特波浪理论当中，其实你可以找到类似甚至相同的结构，这就是大家之后的功课了。

两重或者三重顶底需要一个定量性的定义，这就是在多长时间内和多大范围内出现这类形态。江恩给出自己的定义，但是这个定义肯定不适合A股，因为具体参数存在差异。这个需要自己动手统计才能得出结论，照搬江恩时代美股的经验和定义肯定是不行的。

3. 规则三：基于回撤比例交易

斐波那契回撤点位有很多，江恩回撤点位也很多，但其实真正交易中用到的点位不能太多。斐波那契回撤点位中常用的就是 0.618、0.5 和 0.382，而江恩回撤点位中常用的就是 0.5。当然，指数和价位的运动并不会完全精确地在这些点位停止，多少会有一些出入。实践中，我偏向于采用 0.382~0.618 这个区域作为支撑阻力确认区域，一旦价格在这一区域出现反转形态，则进场信号就出来了。当然，前提是你要想判断趋势。有了趋势，有了点位，有了形态确认，"势位态"三要素全了，纯技术交易者就可以扣动扳机了。

如果处于上升趋势，那么价格从任何高点下跌 50% 的时候买入；如果处于下跌趋势，那么价格从任何低点反弹 50% 的时候卖出或者做空。推而广之，你可以利用回调比例确定阻力和支撑区域，如 3%~5%、10%~12%、20%~25%、33%~37%、45%~50%、62%~67%、72%~78% 以及 85%~87% 等。但是，最为重要的阻力支撑点位是 50% 和 100%，具体参考本书后续章节关于回撤比例的内容。

【深入解读和实践指南】2-1　50％回撤点位的运用之道

江恩的 50% 回撤有两种类型：第一种类型是高点价位乘以 50%，得到的价格点位或者是低点价位乘以 150% 的价位，这种类型在交易界其实用得并不多；第二种类型则是上涨波段的高点与低点的差值乘以 50%，然后从高点点位值减去这个值，由此得到回调点位（见图 2-1），或者是下跌波段的高点与低点的差值乘以 50%，然后在低点点位值上加上这个值，由此得到反弹点位值（见图 2-2）。

根据我个人的经验而言，要在交易实践中运用 50% 点位的话，存在一个最大的问题：如何确认 50% 是不是有效？因为价格跌到 50% 止跌回升或者是涨到 50% 后衰竭回落的概率并没有超过 50%，如何在价格达到 50% 时确认其支撑阻力作用有效呢？我的方法是结合 K 线形态和量能指标，具体而言就是将 50% 回撤线与 K 线以及成交量和 KD 指标结合起来。

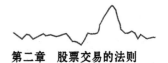

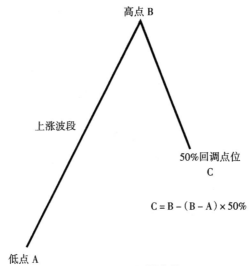

图 2-1　50%回调点位

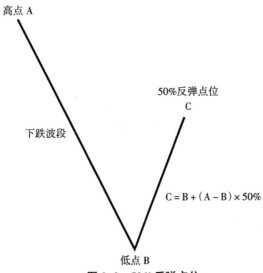

图 2-2　50%反弹点位

　　以回调 50%为例来说明，指数经过 A 到 B 的上涨，从 B 点开始回调。如果在跌到 50%时，同时出现止跌看涨的 K 线形态（见图 2-3）、阶段性地量（见图 2-4）以及 KD 超卖金叉（见图 2-5）则表明指数或者股价在 50%回调点位的支撑有效，可以抄底。如果你能够结合题材则效果更好，至于反弹 50%则可以将上述条件反过来用。

图 2-3　50%回调点位出现止跌看涨 K 线形态

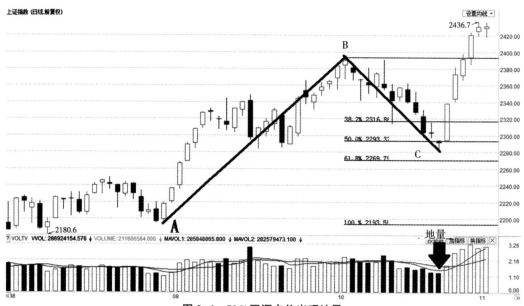

图 2-4　50%回调点位出现地量

图 2-5 50％回调点位出现超卖金叉

4. 规则四：基于 3 周涨跌交易

在主要趋势上涨的牛市中，如果市场出现持续 3 周的下跌，那么买入，因为这是牛市回调的平均时间；同样的道理，在主要趋势下跌的熊市中，如果市场出现持续 3 周的反弹，那么做空或者卖出。

当市场上涨或者下跌达到或者超过 30 天之后，你需要注意的下一个阶段高点或者低点大约在 6~7 周出现，这将是下一个交易点位。即便你确认了这样一个点位，在进场的时候仍旧需要设定止损单来保护本金。如果市场并未在 6~7 周的时候阶段性见顶或者见底，而是超出了 45~49 天，那么下一个可能阶段性见顶或者见底的关键时间点将是 60~65 天，这是熊市反弹见顶或者牛市回调见底的最长平均时间。

江恩的第一条规则是确定趋势，接下来的这些规则基本上都是从时空两个维度确定交易点位的。

5. 规则五：股市运动的波段

道氏理论、波浪理论和江恩理论都对市场整体结构给出了类似的观点。成熟的交易者往往也倾向于做第三浪，也就是寻找第二浪回撤末段和第三浪上涨初段的进场信号。

股市是以 3~4 浪的波段运行的，如果市场走出了一波上涨，绝不要轻易下定论认为最终顶部已经出现。原因很简单，如果这是一轮真正的牛市，那么在终极顶部出现之前，应该至少会有 3 波或 4 波。

6. 规则六：回撤 5~7 点交易

J. L. 也花了大量的时间来统计股市波动幅度，进而定义回撤的合理幅度，这个可以从《股票大作手操盘术》一书中看出。现在有了功能强大的大数据分析工具，大家可以很方便地对 A 股的回撤幅度进行统计和分析。

在符合趋势方向的前提下，当个股价格回撤 5~7 个点的时候买卖。当上升趋势强劲时，市场的调整往往是 5~7 个点，而不会下跌 9~10 个点那么大幅度。通过研究道·琼斯工业股平均指数，你会发现它的反弹或者调整幅度经常小于 10 个点。对于常规交易而言，还需要注意 10~12 点回撤。下一个更大幅度的潜在回撤区域是 18~21 点，当平均指数出现这种幅度的调整时通常意味着回撤的结束。

如何区分回撤与趋势，J. L. 和江恩各有妙招，但是江恩除注重幅度之外，还比较重视持续时间。

我在这里顺便谈一下获利了结的时机问题。当你买入或者做空之后，下一个需要解决的问题是获利了结的时机。你应该区分回撤和趋势，在确定趋势出现反转时才兑现利润，而不是被回撤迷惑了，过早结清头寸。

7. 规则七：通过成交量分析价格走势

基于纽交所数据，并结合时间周期和本书后面的成交量

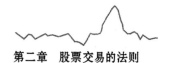

相关章节对总成交量数据进行研判。同时，你还需要基于列出的规则来研判个股成交量的变化，因为能够帮助你确定股价趋势的变化。

8. 规则八：时间周期（Times Periods）

时间因子和时间周期在决定趋势变化方面是最重要的因素，因为时间能够对价格平衡产生冲击，当关键时间点出现时价格会放量走高或者走低。

所谓的趋势变化日就是所谓的关键时间点。股指和个股价格的趋势变化遵从一种季节性的模式，这种模式在不同年份以不同"面目"出现。不过，通过知晓重要的日期并留意，你还是能够通过运用其他相关的所有规则，进而迅速地确认趋势的变化。重要的趋势变化日如表 2-1 所示。

国外有专门的股市日历书销售，每年出一版，列出次年的关键日期和可能变化。

表 2-1　重要趋势的变化日

序号	趋势变化日	解读
1	1 月 7~10 日，19~24 日	这段时间位于一年之初，是最为重要的时间段，因为由此开始的价格走势往往持续几周，甚至几个月。你可以查看历史记录，自己亲自去检验这种规律
2	2 月 3~10 日，20~25 日	这段时间仅次于一月那些日期的重要性
3	3 月 20~27 日	一些小的变化出现在这些日期，有时一些主要的顶部或底部也会出现在这些日期
4	4 月 7~12 日，20~25 日	这个月没有 1 月和 2 月那么重要，但是 4 月后面这段时期经常会出现趋势的变化
5	5 月 3~10 日，21~28 日	这个月的重要性不亚于 1 月和 2 月，许多主要的顶部或底部出现在这段时期内
6	6 月 10~15 日，21~27 日	一些较小的趋势变化出现在这段时期。部分年份一些极端高点和低点出现在这段时期，如 1948 年 6 月 14 日的极端高点，以及 1949 年 6 月 14 日的极端低点
7	7 月 7~10 日，21~27 日	本月的重要性仅次于 1 月，因为它处在年中，同时也是分红的月份，这个时候的季节转换和农作物情况会对股市趋势产生一些影响
8	8 月 5~8 日，14~20 日	本月对趋势变化的影响可与 2 月比肩。通过查看历史记录，你会发现这些日期发生了多少重大的趋势转变
9	9 月 3~10 日，21~28 日	这些日期是一年当中最为重要的时间，特别是就顶部而言，尤其是牛市的终极顶部。比起其他月份，终极高点更加频繁地出现在 9 月。当然，一些趋势上的小变化也出现在这段时期

续表

序号	趋势变化日	解读
10	10 月 7~14 日，21~30 日	这些时间比较重要，因为一些趋势的主要变化出现在这些时间。如果股市持续上涨或者下跌一段时间，那么这些时间就比较重要了，值得留意
11	11 月 5~10 日，20~30 日	这些时间对趋势转变而言非常重要，正如研究过去历史所揭露的那样。选举年的趋势变化经常发生在这个月的开头部分。在另外一些年份，价格低点通常出现在 20~30 日
12	12 月 3~10 日，15~23 日	持续几年的趋势运动，在本月 15~23 日改变的可能性很大

不光是股票市场存在趋势转折关键日，外汇市场也存在，如日元在每年 3 月的走势。日内走势也存在时间上的转折点，A 股日内走势存在一些规律，外汇日内走势也存在一些规律。大家可以自己动手去网上搜一下相关文献，自己研究。外汇日内走势的规律可以参考《外汇狙击手》，该书附录给出了日内转折点最容易出现的时间段。

越是重要的高低点，基于其进行关键日期确定的意义也就越大。在螺旋历法当中也有类似的原理。不过，从我自己的亲身交易实践来看，江恩这种细分法有过于烦琐之嫌。关键日期太多，以至于很难被证伪，这就使其实践价值大打折扣，不过可以借鉴其思维。

江恩的原著在编排上有时候显得杂乱无章，时不时会突兀地插入另外一个主题，这也是令研读者比较头痛的地方。

上述统计可以参考 3 日图，因为上面显示了达到极端高点和低点的确切时间，查看这些日期，并且在未来走势中留意它们。

在为趋势变化寻找关键日的时候，甄别市场是否已经从某一高点或者低点运行了 7~12 天、18~21 天、28~31 天、42~49 天、57~65 天、85~92 天、112~120 天、150~157 天，或者是 175~185 天。开始的高点或低点越是重要，则此后关键日期带来的变化也就越大。

失衡的市场需要再度平衡。股指或者个股在持续上涨或者下跌一段很长的时间之后，就变得过度失衡了。并且，这种失衡持续时间越长，则此后的修正幅度越大。具体来讲，如果一波下跌持续的时间较此前一波下跌更长，则表明趋势上发生了一个变化。当价格的下跌或上涨幅度显著超过前一波，那么就意味着市场失衡了。

熊市中的情况则是相反的。当股票持续下跌一段很长时间时，一波反弹的时间第一次超过此前反弹的时间长度，这就意味着趋势正在改变，虽然这种改变有可能是暂时的。也就是说，价格反弹幅度第一次显著，则表明超过此前的反弹幅度，这就说明空间或价格运动维度的失衡，而这意味着趋势变化已经发生了。当然，时间维度的变化比价格反转更为重要。运用我提到的所有规则去观察趋势是否正处于发生反转的关键时期。

当市场接近长期上涨或下跌的终点时，同时也处于第三

波或第四波走势时，那么价格上涨或下跌的幅度将变小，而持续的时间也会更短。这就是趋势即将变化的信号。在熊市或持续下跌的市场中，如果下跌点数相比此前更小，而且下跌时间也更短，则意味着此轮时间周期接近尾声。

9. 规则九：顶底抬升时买入

当市场的顶部或底部正在抬升的时候买入，因为这样的迹象意味着市场的主要趋势是上涨的。同样，当市场的顶部或底部正在下降的时候卖出或做空，因为这样的迹象意味着市场的主要趋势是下跌的。时间周期总是重要的因素，因此**我们需要检视历史上顶部到顶部的时间周期，以及底部到底部的时间周期**。另外，**我们还需要检视市场从极端低点到极端高点的运行时间，以及市场从极端高点到极端低点的运行时间**。

我们在这里谈一下"月度高低价图"（Monthly High and Low Charts）。当市场窄幅且缓慢波动时，特别是标的是低价股时，你需要做的就是坚持绘制月度高低价走势图。当标的的运动开始活跃时，则可以着手绘制周度高低价走势图。对于那些高价股，则应该绘制日度高低价走势图。不过，你需要牢记一点——作为一种趋势风向标，3 日波动图比日度高低价走势图更加重要。

江恩的意思其实有三层：第一层意思是上升波段（下跌波段）相对前一上升波段（下跌波段）的持续时间越长、幅度越大，则市场失衡越是严重，而这意味着此后修正的幅度会很大，时间会很长。第二层意思是在牛市中，如果下跌的幅度和时间超过此前一波下跌，那么牛市可能已经结束了，至少暂时结束了；在熊市中，如果上涨的幅度和时间超过此前一波上涨，那么熊市可能已经结束了，至少暂时结束了。第三层意思是在牛市中，如果上涨波段较此前的上涨波段的幅度更小或者持续时间更短，则牛市倾向于结束；在熊市中，如果下跌波段较此前下跌波段的幅度更小或持续时间更短，则熊市倾向于结束。简言之，比较幅和时间，这就是江恩确认趋势改变与否的一个重要方法。

根据日均波幅来调整相应的走势记录方法，以便更好地甄别趋势。

10. 规则十：牛熊市中的趋势变化

趋势中的变化往往刚好出现在节日前后，而下列这些日期非常重要：1 月 3 日、5 月 30 日、7 月 4 日、9 月初、美国

美国的劳动节为 9 月的第一个周一。感恩节为 11 月的第四个星期四。

劳动节后、10 月 10~14 日、选举年的 11 月 3~8 日、11 月 25~30 日、感恩节、12 月 24~28 日。最后这段时期里的变化可能要持续到 1 月初，才能让一个明确无疑的趋势变化被确认。

如果道·琼斯工业股指数是个股在 9 点波动图中跌破了最近一个低点或是在 3 日图中跌破了最近一个低点，那么这就是趋势改变的第一个信号，至少是暂时改变的一个信号。

我们接着谈谈熊市转势的情况。在一个下跌市场中，如果价格在 9 点波动图上突破了上一轮波动的高点，又或者在 3 日图上突破了上一轮波动的高点，那么这就是熊市趋势变化的第一个信号。当股价在高位时，往往会有几次波动，因此当市场跌破最近一次波动的低点时，就意味着下跌趋势反转或者变化了。

绘制出最近的高点和低点，并以此为参照点观察行情的走势，进而确定趋势的性质。

当股价在低位交易时，持续一段时间的窄幅波动是常见的情况，当指数或者股价向上突破最近一次波动的高点时，这就是趋势变化非常重要的一个信号。

江恩理论的时间窗口，或者说关键日期太多，除非你借用行情软件的自带工具或自编程序，否则会被搞得焦头烂额。他在时间周期上的研究具有开创性，但是如何落实还需要我们的躬身实践。保持简单性，否则很难落实。

你要保持对市场极端高点和低点运行时间的跟踪，查看距离这些极端点位的时间是否刚好为 1、2、3、4、5 年。检视时间周期距离某一极端高价或低价的运行时间是否为 15、22、34、42、48 或者 49 个月，因为这些时间点是趋势变化的重要窗口。

11. 规则十一：最安全的交易点位

突破前高买入，这种方法 J. L. 也非常推崇，在《股票大作手操盘术》中，J. L. 有较为详细的阐述。

我们先来谈最安全的买点，在趋势的确定性变化已经建立起来之后买入股票总是最安全的做法。市场见底之后出现一波上涨，然后出现次级调整，此次调整结束后底部会抬升，也就是在更高的底部获得了支撑。如果股票再度上涨，并且**进一步突破了第一波上涨的高点，那么最安全的买入点就出**

现了。因为此时市场已经发出了继续上涨的信号，而你的**止损单**可以设置在这个**次级调整**的底部之下。

> 点位论的前提是趋势论。

接着，我们来谈最安全的卖点，或者说做空点。市场持续上涨，并且创出了新高，在第一次迅速下挫之后，会有所反弹，并且形成第二个顶部，这个顶部相对此前的高点有所降低。然后，市场从这个次级高点开始下跌，并且跌破了第一波下跌的低点，这就是一个较为安全的卖出点或做空点。因为这个时候市场已经明确地告诉你趋势转而向下了。

这里有必要提一下"两日修正"，也就是**"两日回调"**和**"两日反弹"**。在一个活跃的市场当中，这是最为重要的市场周期。修正仅持续了两天时间，而不会延续到第三天。在趋势最终改变之前，这种情况会多次出现。在牛市中，如果指数或个股仅回调了两日，那就说明市场处于强势之中。你会在 3 日图中找到很多两日调整走势。

> "两日修正"模式是上面提到的"次级修正"的简短版，持续时间更短。

在一个活跃的熊市中，反弹往往迅速展开，但是只维持两日。研究 3 日波动走势图，你会在 1929~1931 年的超级熊市中发现大量的类似例子。

你需要记住一点，那就是倘若趋势上涨，那么股票永远不会因为长得太高而不能买入。倘若趋势下跌，那么股票绝不会因为跌得太多而停止下跌，所以捂住不卖绝非良策。绝不要忽略了如下真理：第一，务必总是设定止损来保护你的本金；第二，顺势而行，绝不逆势而为；第三，强势位置买入，弱势位置卖出。

> Always go with the trend, not against it.

【深入解读和实践指南】2-2　买卖点与股价走势结构

在一线交易股票多年后，我有了一套自己的框架，这套框架是关于具体买卖点的，而这些具体买卖点是基于股价走势结构的。关于股价走势结构有不同的认知，因此这仅是个人有局限的经验，不代表普适的终极框架。在《股票短线交易的 24 堂精品课》（第二十课 第一起涨点和第二起涨点）和《高抛低吸》中我都有提及，但是并没有给出完整的买卖点和股价走势结构。现在，我把自己这套东西完整地呈现在这里（见图

2-6）。具体的每个买卖点还应该与题材性质、指数态势以及震荡指标结合起来使用，不过也可以单用下面这个框架。

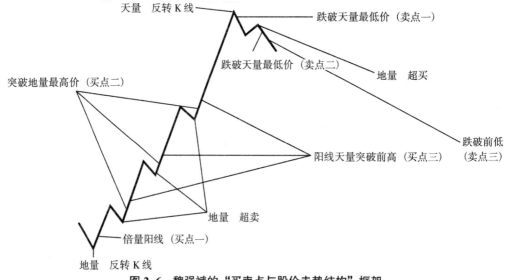

图 2-6　魏强斌的"买卖点与股价走势结构"框架

在股票操作上，我们经常感到在买卖点的把握上欠缺火候，上述框架可以极大地提升你把握买卖点的能力。当然，你可以将江恩的时间周期和点位理论融入其中。

12. 规则十二：价格快速变化的情况

当市场非常活跃的时候，也就是上涨或下跌非常迅速的时候，平均日波动也就是 1 个点左右。如果指数或个股某日波动了 2 个点，甚至更大幅度，那就表明价格的波动已经出现异常了，这种情况是不可持续的。在趋势向上的时候，这种现象会表现为短期的快速回调；在趋势向下的时候，这种现象会表现为短期的快速反弹。有关这方面更多的信息，可以参考本书第五章中的内容和案例。

为了让你印象深刻，我还是要不厌其烦地向你再次强调

异常波动是市场的局部或全局转折点。股票中的涨停板、跌停板、天量和地量都是某种异常波动，在投机行家的眼里都是非常有价值的信息。乖离率和波动率衡量了异常程度，是一些投机客经常参考的技术指标。

一点：倘若你希望在股市中成功，那么就必须投入大量的时间进行认真的研习。毕竟，只有投入更多的研习时间，你的能力提升才会更快，此后的盈利才会更多、更稳定。下文我们给出一些具体的个人经验和法则。这是我 45 年探索与践行的经验总结，它们已经向我证明了股票交易成功的客观规律。我将毫无保留地向你展示这些有效的法则，而此后的努力就要靠你自己了。你必须研习这些法则，并且恰当地实践和遵守它们。

13. 二十四条永恒的股票交易法则

若你想要在股票投机上有所斩获，那么就必须基于确定的法则进行操作。下面列出的这些法则是从我自己的个人经验中提炼得到的，我相信任何遵守它们的交易者都会获得真正的成功。

（1）资金使用量：将你的资本分为 10 份，每次交易中承受的风险都要超过你本金的 1/10。

不要重仓！

（2）使用止损单：无论何时，都要设置止损单，用来保护你的交易。止损单放置在距离进场价 3~5 个点的距离处。

一定限制亏损幅度！

（3）永远不要过度交易，因为这违反了你的资金管理原则。

（4）不要让浮动盈利变成亏损。当你获得 3 个点甚至更多的浮动利润时，你应该提高止损位置，防止利润大幅回撤。

Never let a profit run into a loss!

（5）不要与趋势对着干。当你无法根据技术图标确定趋势的时候，千万不要进行交易。

（6）当你疑惑的时候，离场观望，不要在心存狐疑的时候贸然进场交易。

（7）只交易那些活跃个股，远离那些走势慵懒、交投冷清的个股。

A 股资深投机客都会交易那些成交量大的热门股票，特别是龙一和龙二。

（8）平均分配风险。如果可能，同时交易 4 只或 5 只股

限价单容易延误进场和出场的时机。在需要限制风险的时候，市价单往往更有效果。

投机不是投资，投资可以压上全部资本，投机只能动用部分资本。为什么这样做呢？投机的不确定性要远远高于投资，因此投机不能动用全部资本。进一步来说，投机大赚了之后，要及时提取大部分盈利。J. L. 悟到了这点，但是未能很好地恪守和践行，最终未能"过好自己的一生"。

有大数据证明业绩的高频交易不在此列。

题材股往往都是流通股较少的股票。另外，威廉·欧奈尔在选择股票的时候，也强调要选择流通盘较少的个股。

票，避免将所有的资本全部押在单只股票上。

（9）不要采用限价单进行交易，而要基于市价进行交易。

（10）不要任意退出一笔交易，要有理有据。**采用跟进止损保护你的利润。**

（11）要积累一些盈利作为后备。当你进行了一系列成功交易之后，将这些盈利放到一个盈利储备账户中，以便用来应对紧急情况或者在市场恐慌的时候使用。

（12）不要贪图一次分红而买入一只股票。

（13）不要试图降低平均亏损。这是交易者能够犯下的最严重的错误之一。

（14）不要因为你失去耐心而离场，也不要急不可耐地匆忙入场。

（15）不要截短利润，让亏损奔腾。切忌小赚大亏。

（16）绝不要在持有一笔交易的时候，撤销已经设定的止损单。

（17）避免频繁进出市场。

（18）能够买入，也能够做空。要让你的交易方向与趋势一致。

（19）绝对不要因为股票价格低就买入，也不要因为股票价格高就卖出。

（20）注意不要在错误的时机做金字塔加码。你要耐心等待，等待股票活跃，并且突破阻力位的时候才加码买入或是等到股票跌破支撑区域的时候才加码做空。

（21）选择流通股较少的股票做多，选择流通股较多的股票做空。

（22）永远不要锁仓。如果你买入一只股票，但是它此后却开始下跌，那么不要为了锁定亏损而卖出另外一只股票来对冲。如果你做空一只股票，但是它此后却开始上涨，那么不要为了锁定亏损而买入另外一只股票来对冲。正确的做法应该是止损出场，等待另外一个明确的交易机会。

（23）除非你有足够好的理由，否则绝不要在市场中变化

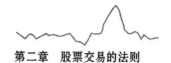

多空头寸。换而言之，当你进行交易的时候，必须是因为一些足够好的理由或是一些确定的计划。另外，也不要在缺乏趋势变化的明确信号时离场。

（24）要避免在持续的长期盈利之后加大投入资金量。

当你决定进行一笔交易的时候，务必确保不违反上述 24 条交易法则中的任何一条，因为它们对你的成功是至关重要的。当你的某笔交易以失败收场时，你也应该检查一下，看自己违反了上述哪一条，不要再犯同样的错误。在这个过程中积累的经验将会让你对这些法则的价值和有效性深信不疑，观察和研习将引导你走向一个正确而有效的理论，而这个理论将帮助你在华尔街获得成功。

> 投机方法的盈利能力存在一个均值回归趋势，长期的高盈利能力是不可持续的，因此要懂得保存战果。这点看起来与盈利加码相悖，其实讲的是不同时间段的事情。

14. 资本的安全

你要考虑的第一件事是如何保护你的资本，让你的交易尽可能地稳健安全。这里存在一条让你资本安全的确定性规则，它将帮助那些奉行不渝的人保存本金，在年末的时候有所盈利。这条规则就是将你的资本分为 10 个等分，并且在任何一次交易当中都不要投入超过 1/10 的资本去承担风险。假如你有拥有 1000 美元，那么一笔交易就不能投入超过 100 美元去冒险。同时，你需要利用止损单来限制你的风险。10 只股票，每只损失 30 美元，要比单只股票损失 300 美元好得多。只要你还有足够的资本去操作，那么就还有新的机会去赚取利润。如果最初阶段你就承受巨大的风险，这就会让资本处于危险之中。在这种情况下，当然会影响你的客观判断。如果你本着保证资本整体风险可控的规则去交易，那么即便有亏损，也是可控的，不会让你心智混乱。

> 仓位影响心态，心态影响决策，决策影响最终的绩效。可以加仓，但是不能重仓。加仓之后也会出现重仓的情况，但是与一般意义上的"重仓"存在根本区别。这个根本区别是什么？思考一下！

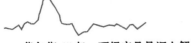

15. 设定止损单

止损单的价值非常大、非常重要，我认为即便反复强调无数次也不过分。因为它是保护投资者和交易者的唯一安全阀。当投资者和交易者设定止损单的时候，他们会在十次交易中遇到一次这样的情况：市场刚好在触发他们的止损单之后见顶或者见底。一旦如此，他们就会总结道：如果我不设定止损单，就不会发生这种倒霉的情况。因此，此后的交易，他们并不会设定止损单。或许，他们的经纪人也会告诉他们的止损单总是会被市场"抓住"，市场总是触发止损单。

然而，他们或许忘记了止损单的整体效力，10次当中有9次都是正确有效的，能够让他们在逆势的时候及时脱身，这样就规避了更大的损失。换而言之，止损单的一次错误带来了九次正确，让你能够及时离场。因此，不要放弃使用止损单。

> 大多数交易者都有一个习惯，从单一事件中总结规律。这个习惯使大多数交易者都很难找到真正的规律，而是在原地转圈。

16. 改变心智

一个聪明的人会改变其心智，而一个愚蠢的人则永远不会这样做。聪明的人会先调查，然后再决定，但是一个愚蠢的人却是没有调查就做出了决定。在华尔街，那些不改变心智的人早晚会成死脑筋。当然，一旦你做出决定，基于某个理由展开一笔交易，那么就不要没有根据地改弦更张。我指出的其实是一件非常重要的事情，那就是不要在市场不利于你的头寸时更改或者取消止损单。你要知道，在进行一笔交易时，首要事项是为这笔交易设定一个止损单，以便保护本

> 我们是活在习性中，活在惯性中。如果你想要让生命更加高能、更加精彩，那么就应该活在理性中，活在空性中。理性在于遵循一些长期被证明有效的规则，空性在于顺势当机，不封闭。

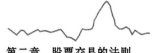

金。当你设定止损单时，就完成了一项明智的行动或是有效的判断。

当你在设定止损之后，随意改变判断，取消你的止损单，这种行为大多数情况下都不是基于理性的判断，而是因为怀抱希望而已。在华尔街，希望不能带来任何好处，只能带来亏损。当你设定了止损单，同时坚持不改变，那么十次当中有九次你将受益匪浅。因为事实将向你证明这样的做法是最佳的选择，只有恪守这条规则的交易者才能最终在金融市场上成功。我要再度强调一遍——如果你不能遵循这条规则，那么就不要开始投机，因为你将失去一切。你必须严格奉行，不能背离的规则之一是**"当你交易时设定止损单，并且坚守它"**。

17. 避免过度交易

历史之所以轮回，是因为不变的人性！对暴富的贪婪促使大众付出不可计算的代价。任何一个资深的交易者都明白一点——过度交易是最大的威胁和最容易犯的错误，但是却难以克服，以至于毁掉自己的整个交易。必须找到一剂对症的良药，这就是**"设定止损单"**。交易者的这个弱点必须被克服，而止损单就是克服它的良药。

> 江恩在这里的论述很跳跃，让一般的读者摸不着头脑。过度交易应该是减少交易次数，怎么谈道设定止损单了呢？其实，有经验的交易者都明白，交易的绝对次数和频率并不能作为"过度交易"的衡量标准。你要知道，很多"刮头皮"的高频交易者其实是持续盈利的。过度交易严格来讲应该是情绪化交易，而情绪化交易总是与不预先设定合理止损如影随形。因此，如果你能够预先明确地设定止损单，那么往往可以让自己冷却下来。当然，这其实只是一个极好但并不完美的方法。

18. 保护你的利润

保护利润是非常重要的，与保护资本一样重要。当你在交易中获得一定浮动盈利时，就不能让头寸再度变成亏损了。不是所有的浮动盈利出现时，你都要这样做。合理的做法要

求根据获利比例大小来设定相应的跟进止损点。关于如何保护你的利润，我在下面会给出一般情况下的最安全规则。当股票出现 3 个点的盈利时，你应该在盈亏平衡点设定止损，这样即便止损单被触及，你仍旧能够不亏损。对于那些股性活跃的高价股，你可以提高到有 4~5 个点的浮动盈利时才移动止损单到盈亏平衡点。此后，即便市场反转，你也不会遭受本金的亏损。这样的操作能够将潜在风险限制到最小水平，同时将潜在盈利空间扩展到最大。**市场朝着有利于头寸的方向运动时，利用跟进止损单顺势而为，这样就能保护并且扩大你的利润。**

> 趋势交易者的最大法宝是什么？读完这段，你应该有自己的答案了。在什么情况下止赢和止损其实是一回事？你应该也有自己的答案了。

19. 进场时机

进场时机极其关键，你必须遵循一些规则或信号，按照它们的时机进场交易。如果你主观地认为市场正在底部或顶部附近，那么 10 次有 7 次你是错误的。真正的关键并不是今天市场会怎么走，或者是市场应该怎么走。真正的关键其实在于规则和信号告诉你何时入场更可能获得利润。当股价达到较低或者较高价位水平时，你想要进场建立头寸，就应该等待明确的进场信号。有些时候，你或许会因为等待错失了底部买进或者顶部做空的机会，但却有利于资本的安全。因为只有当你有明确的理由表明顺势而非逆势的时候，你才会开立头寸。

> 趋势和时机，这两个话题在交易界谈得最多，但是却谈得最不清楚。时机与趋势相比较，你认为谁更重要？什么技术指标可以用来确认趋势？什么技术指标可以用来确认时机？

另外一个最重要的事项是不要关注盈亏波动，不要过度关注未来的盈亏变化。你应该避免被账户盈亏影响，因为你的目标是在市场中进行正常的操作，顺应市场的趋势。醉心于研究市场的趋势才是你应该做的事情。不要为利润波动而心绪不宁。如果你对市场趋势的看法是正确的，那么利润将自然到来。如果你对市场趋势的看法是错误的，那么使用可

> 利润和成功是你正确行动的副产品。

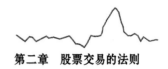

靠的保护工具，利用止损单保护本金。

20. 买卖时机不恰当

交易者们经常离场过早，他们或许持有一只股票很长时间，终于等到股价开始走高，但是他们往往在第一次突破到新价格区间的时候就急不可耐地卖出了。这种做法是错误的。

还有另外一种类型的交易者，他们总是离场过晚。因为当股票出现一波飙升之后，他们坚守头寸，并且希望股价能够以更大的幅度创出新高后卖出，但市场并没有达到他预期的出场点。股价开始出现第一波下跌，这个时候他发誓如果再度上涨他会在前高附近离场。此后，股价确实反弹了，但是并没有达到前期高点。价格再度下跌，并且跌破前一波下跌的低点。这位交易者又武断地决定了新的卖价，这不过是一厢情愿的想法而已，并没有坚实的理由支持。结果就是眼巴巴地看着股价持续下跌，最终不得不在地板价上割肉。

你应该恪守交易规则，在上涨趋势明确转向时卖出股票。当信号表明上涨趋势已经发生改变，那么你就要果断地离场。要"治疗"上述交易者的毛病，最好的办法还是使用跟进止损单，即便你将止损幅度设定在较大幅度上，如 10~20 个点。

原文中，江恩有时候用"投资者"这个词，其实指的是投机者，或者说泛称的交易者。我按照他原本想要表达的意义翻译，而不是逐字机械地翻译。

21. 致命的拖延

果断行动，而非拖延带来利润，这是华尔街的现实。一厢情愿毫无用处，不能帮助你在股市中脱颖而出。一厢情愿只能带来破产，你必须停止这样做，并且开始理性地思考。即便你开始认真思考，那么还要及时采取行动，否则良好的

当你缺乏明确的规则时，拖延和耐心、冲动和果断、贪婪和勇敢、恐惧和谨慎，你是无法区分的，只能从结果去区分。当你有了明确的进出场规则，如果还不执行，那就是拖延、冲动、贪婪、恐惧；如果执行了，那就是耐心、果敢、勇敢和谨慎。有规则才能衡量你到底是积极的还是消极的，否则都是马后炮，不可证伪！

思考并不能帮助你赢得胜利。知道了行动的时机，但并不采取行动，并不会有多大的用处。拖延总是致命的，在市场中你抱着主观期望的时间越长，越是犹豫，那么你犯错的可能性就越大。

拖延意味着死亡和毁灭，行动带来生命。无论判断是正确还是错误，不采取行动都只会对资本有害。你需要牢记，拖延总是致命的。果断行动远比胡思乱想和裹足不前更好。另外，不要在生病或者抑郁的时候交易。因为当你的身心状态低于常态的时候，判断总是糟糕的。一个成功投机客的原则之一是保持健康，因为健康就是财富。

22. 金字塔加码时机

合理加码是投机客要达到的最高境界，这门技艺如果打磨到极致的程度，则将造就不可思议的绩效！

下跌趋势中的回撤称为反弹，上涨趋势中的回撤称为回调。如何预判回撤的大致结束点位呢？第一，可以从成交量的角度去分析，回调结束点往往伴随着阶段性地量，偶尔也会伴随阶段性天量，后面这种情况往往与大阳线或探水杆等形态的 K 线一起出现；第二，可以从 K 线反转形态确认；第三，斐波那契回调线谱可以用来确认。这些方法我在专著《高抛低吸——斐波那契四度操作法》（第二版）中有详细介绍。同时，为了方便读者，我将小部分内容放在了本书附录中，可以结合起来理解江恩的加码时机。因为他的思路与斯坦利·克罗比较接近。

这里存在两种加码方式。第一种方式是当价格突破进入新的区间时或者是创出新低或新高时，这个时候加码买入或者做空。第二种方式是在股票市场价格价值迅速运动的时候，如果其方向对你持有的头寸有利，那么可以在每次上涨 3 个点、5 个点或者 10 个点的时候买入或做空，至于具体怎么操作则取决于你所操作的股票和加码的具体方法。

我个人的方法是先预判回撤的点位，同时考虑股票最近回调的幅度，或者是反弹的幅度。当回撤发生的时候，你要查看其幅度是否已经运动了 3、5、7、10 或 12 个点。当价格从阶段性顶部开始回调时，你基于历史调整幅度，等待 3、5、7 或 10 个点加码买入。上涨趋势中的，前四次回调，一旦达到上述幅度都可以买入或者加码买入；下跌趋势中，前四次反弹，一旦达到上述幅度都可以做空或者加码做空。

我们来看一个上涨趋势中的例子。1924~1929 年通用汽车处于上涨趋势中，如果我们按照上述规则进行交易，你会发现回调后加码比简单地上涨后等间隔加码更加安全。

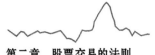

我的时间规则可以帮助你掌握加码的时机，这个规则可以用来判定第一次重要回撤的时间。还是以通用汽车这只股票为例。当 1924 年它开始上涨的时候，第一次回撤仅持续了 3 周时间。那么，此后它每次从任何阶段性高点回撤 2~3 周的时候，就是胜算率较高的买入点或加码点。你可以一直这样操作，直到上涨趋势出现反转。

预判回撤时间，并且在回撤发生时测量它们。这种方式能够让你跟随股票运动的主要趋势，某些时候这种趋势会持续好几年的时间，并且你经常能够赚到 100~200 点的利润，这将极大地提高你的盈利水平。我的时间规则与其他规则一样，在高价活跃股上的表现更好，当然也只能用在活跃的市场中。

任何加码都必须伴随着一个止损单！无论你采用的具体加码方法是什么，止损单都必不可少，因为头寸的利润必须得到保护。你持有头寸的浮动利润越多，则你可以承受市场波动的空间越多。无论市场反向运动还是回撤，当有足够的浮动利润时，你都能够将止损单放置在足够远的地方，当面临市场的合理回撤时，都不会影响到你的加码。例如，假设你已经抓住了一只个股的上涨趋势，而且你现在已经有了 100 点的浮动利润。倘若这只股票曾经回调过 20 点，那么在上涨趋势不变的情况下，它可能再度回调 20 点，因此你的止损单应该放在市价下面 20 点的地方。一方面，即便市场最终触及了你的止损单，你也不会损失最初的资本；另一方面，你可以避免合理回撤让你过早出场。但是，在加码的早期阶段，你的止损单应该靠近市价一点，以便保护你的初始资本。

> 加码和跟进止损是一对孪生兄弟，只有加码，没有跟进止损，那么市场一旦反转，"竹篮打水一场空"就是必然结局。只有跟进止损，没有加码，你觉得是什么样的结果？这个问题留给大家去深思。

【深入解读和实践指南】2-3　金字塔加仓漫谈

金字塔加仓这个词应该在 J. L. 之前就存在了，在英文中是有一个专门的单词来表述这个意思的——"Pyramiding"。这个单词是从"pyramid"（金字塔）衍生来的。

一般的金字塔加仓都是正金字塔加仓，也就是后续加仓并在此前持仓，或者是此

前加仓的头寸更小，而且逐渐递减。**这种加仓方法能够最大化地利用趋势和复利原理实现指数化增长。**

如果要问 J. L. 对交易界最大的共限是什么，那么，金字塔加仓当之无愧。J. L. 在接受采访时曾经提到过一些对他影响很深的前辈，这些人并不出名，但是却对 J. L 的操作产生了深远的影响。J. L. 将这些经验发扬光大，让他登顶的方法就是"金字塔加仓"！

23. 盈利预期

江恩在华尔街摸爬滚打几十年后，亲眼看到 J. L. 越走越窄的投机之路，同时不可避免地受到日益兴起的价值投资的影响。写作本书的时候，江恩已经在进行某种转型了，一方面他对投机经验丰富，但是怀有疑虑；另一方面他对投资有了最基本的认识，并且意识到投资与投机类似龟兔赛跑。如何处理好投机和投资的关系，如何在一个理论体系中探讨两者，江恩还没有一个清晰的结论。

绝大多数交易者都期望从投机事业中获取暴利。他们从未停下来思考一下如果每年赚取 25% 的复利，结果会是多么出人意料——从 1000 美元开始，如果每年赚取 25% 的利润，那么 10 年后资本会变成 9313.25 美元。如果启动资本是 1 万美元，按照同样的年度增长率 25% 增值，那么 10 年后的资本规模将达到 93132.7 美元。这个简单计算表明，若一个人秉持稳健的原则，不妄想一夜暴利，那么在一段时间内赚取一笔可观的财富并不算难。

许多来到华尔街打拼的交易者都抱着相同的想法，那就是在一周或者一个月之内将初始资本翻倍。要在长期做到这点是不可能的。市场确实能够制造一些预期之外的幸运，你或许能够在一天、一周或一个月内赚到一大笔利润。即便你有这样的幸运，也不应该让你的期望超出了你的理想判断，以至于认为这种极端好运气会持续很长一段时间。你应该明白一点，市场绝大多数时间处于常态运动之中，因此在绝大多数时间当中你都只能获得正常的利润。许多交易者在买卖一只股票的时候，都忘了思考他们获利和亏损的概率分布。

除非你的止损幅度只有 1~2 点，否则当你认为潜在盈利幅度不超过 3~5 个点的时候，就没有必要买卖股票。这应该成为你的交易规则之一。通常而言，并不值得为了 3~5 个点

恰当的风险报酬比！

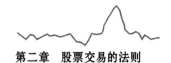

的潜在利润去冒 3~5 个点的风险。存在机会的时候才动手交易，所谓的机会就是至少有一个客观的风险报酬比，也就是潜在盈利远大于潜在亏损。如果仅存在 3~5 个点的机会，那么介入这样的股票毫无益处，因为你可能犯错甚至遭受更大幅度的亏损。最好等到股价突破阻力线时买入，因为这个时候利润更大，涨势波段更加持久。"刮头皮"的交易者是赚不了什么钱的，他们只能赚点蝇头小利。记住一点：**交易成功要求利润远大于亏损，你必须截短亏损，并且让利润奔腾！**

原文为："...cut losses short and let your profits run！"

24. 如何处理追加保证金通知

当你缴纳了要求的保证金，开立了交易头寸，但是此后的股价走势却朝着预期相反的方向发展。当你的浮动亏损达到一定幅度的时候，经纪人会通知你补充保证金。大部分时候，你的正确做法并不是存入更多的资金，而是按照市价卖出或者回补空头。倘若你非要存入更多的资金到交易账户中，前提是必须有更好的理由这样做，你基于良好的判断力才有权这样做。交易者如果放手让自己补充了保证金，一旦有了第一次，那么就会更加固执地持有严重亏损的头寸。此后，有很大的可能他会因为行情继续朝着不利的方向发展而不断接到催缴保证金的通知。这位交易者只要还能够增加保证金，就会不断地追加，最终就是在一笔交易中亏掉了所有的钱。你应该搞清楚一点——当经纪人要求你务必增加保证金时，一定是你的交易判断和头寸出现了错误。因此，你最好的选择是平仓！

投机不是投资，投资时逢低摊低成本是很正常的操作。但是在投机中，越亏越加仓是最快的破产办法。

25. 联名账户的弊端

如果你能够避免开立联名账户，那么就绝不要跟其他人合伙开户或者一起交易。当两个人拥有一个联名账户时，虽然可以在何时买入或者做空股票上达成有效的共识，而且也能找到正确的进场时机。但是，此后的麻烦可能接连出现，因为在如何离场这个问题上，两人很少能够达成一致。究竟应该在什么时间和价位离场，这个问题上的分歧会导致他们在离场时犯下错误。当一个人想要继续持股，而另外一个人想要平仓，前者的决策导致后者意见无法执行，而趋势出现了反转，这个时候浮动盈利全部消失了。当然，大家都不甘心如此，于是继续非理性地持仓，想要让浮动盈利重新出现。最终，市场可不会按照一厢情愿的想法运动，于是两人在这笔交易上虎头蛇尾。良好的共识带来了良好的进场，糟糕的分歧带来了糟糕的离场，最终结果是一团糟。要知道，一个**人的心智要在股票交易中正常地运作已经非常不容易了，如果两个人的心智要有效运作并且达成共识，那么更难了。**

两个人一起交易，并且取得成功的唯一方法是让一个人负责买入和卖出，而另外一个人则只负责放置止损单。当出现错误的时候，止损单可以对整个账户起到保护作用。

另外，某人和他的妻子一起开立联名账户也是一个糟糕的点子。有效的做法是一个人全权负责交易，他必须学会如何在股市波动中有效操作，同时避免受到合伙人的影响和干扰。

联名账户的开立使交易缺乏最后决策人，最终导致决策紊乱。紊乱的决策导致交易的进场和离场缺乏一致性，很容易因为人际关系而影响理性决策和高效行动。

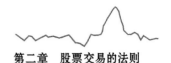

26. 交易者逃避的真相

　　水平一般的交易者往往讳疾忌医，不愿面对一些令人痛苦的真相。他们只对那些自己所希望的消息感兴趣。当他们买入某只股票之后，会选择相信所有的新闻、传言、观点和谣言都是利多的，并且会选择性地忽视那些利空消息和传言，他们会拒绝接受与自己希望不符的东西。不过，只有真相和事实才能帮助你盈利，因此你必须认清并坚信它们，而不是依赖于希望和幻想，这些最终只会带来亏损和破产。一个交易者在犯了一个错误之后会发誓再也不犯同样的错误了，但是重蹈覆辙往往难免，这就是华尔街经常出现的情况。错误一再重演，新人不断重复旧人的错误。在华尔街，有关亏损的内在真相很少被谈及。相反，华尔街的人们总是乐于谈论自己的赚钱交易，高谈阔论自己的成功，对于失败却只字不提。这种风气使刚到华尔街的新手们只听闻暴利，对于背后的故事却蒙在鼓里，毫不知情。事实上，只有这些有关亏损的事实才能真正帮助一个新人成长，前车之辙，后车之鉴。新手应该知道，在金融交易中，不止损和过度交易导致了90%的失败。因此，如果一个新手想要在华尔街取得真正的成果，就必须克服这些缺点，克服这些导致他人失败的缺点。

　　在江恩所处的时代，无论是经济学、金融学还是心理学都还未形成体系。江恩虽然没有接触过今天才确立的行为金融学之类的学术理论，但是基于几十年在华尔街摸爬滚打的经验，他知道人的认知存在偏差，因此会过滤和扭曲现实。好的结果人人喜欢，但是如果因此忽略掉真相，那么只能迎来痛苦的结果。这就是人生和交易的最大悖论之一：追求美好的愿望和行为太过强烈，以至于让你离美好的结果越来越远，这就是南辕北辙。

27. 最大风险源自人性

　　当一个交易者赚钱时，他会对自己的正确判断和行动非常有信心；而当他亏钱的时候，就会采取截然不同的态度了。这个时候，他也极少责怪自己，他极少会将失败归结为自身

成功的时候，归结于自己，失败的时候，归结于外部因素，这是一种心理防御机制，让人在面对失败和挫折的时候更好受一点。不过，短期的益处却带来了长期的害处，这样你永远无法鼓起勇气去面对真相，去做出改变和完善，长期下来的结果就是自我感觉很好，但是实力很差。

交易的道路是困惑的，也是迷茫的。要走出迷惑，关键是自己的觉悟。外在的老师永远无法代替内在的老师。现成的方法或许不适合这个时代或者市场，或许不适合你，或许不能为你所理解，你还不能够生起足够的信心。所有的这一切都需要自己去解决，寄希望于现成的办法只不过是另外一种不劳而获的思想而已。

原因。他会为自己的失败寻找各种外部原因和借口，如意外，或者说因为他人的错误建议。他会找出一大堆理由，里面夹带着"如果"和"但是"之类的推脱之辞，总之都不是他的错。这种态度导致交易者不断犯错和持续亏损，因为他们并没有诚实面对。

投资者和投机者都必须努力想出自己的解决之道，同时承担起自己的责任，而不是将自己的亏损归咎于其他人。如果他不这样做，那么将永远不能改正自己的缺点。

毕竟是你自己的行为导致了亏损的出现，因为你在交易。你必须发现其中的问题，并且亲自解决掉它。这样你就能获得成功，而不是一如既往。

交易者亏损的元凶之一是因为他们并不独立思考，而是允许其他人代替他们思考，并给他们建议。但是，这些人的建议和判断并不比他自己更高明。要想在交易上获得成功，你必须持续独立研究和调查。除非你能够从一只"待宰的羔羊"变成一个思考者，并且独立寻求知识，否则你很难成功。

如果你一心走所有"待宰羔羊"的老路，最终会遭到催缴保证金通知这把利斧的杀戮。自助者，天助之。只要当你直接能够帮助自己的时候，旁人才能够帮助你，才能够向你示范如何自助。

我可以告诉你世间最好的交易规则和方法，这些东西可以用来判定一只股票的买卖之道。即便如此，你仍旧可能因为人性的弱点而亏掉本金。你将因为不能恪守规则而失败。你将受到希望和恐惧的役使，而忽略事实。你会拖延而不采取恰当的行动。你会缺乏足够的耐心等待恰当的机会和坚定持仓。你会过早了结或者太晚了结头寸。最终，你会欺骗自己，将失败归结于市场，而不是人性的弱点。你应该永远牢记一点——你的失误导致了你的亏损，而不是市场或者庄家导致了你的亏损。因此，你需要做的是努力遵守交易规则，远离那些注定失败的投机之路。

【原著名言采撷】

1. You must learn before you lose.

2. The first thing for you to realize is that when you make a trade you can be wrong; then you must know what to do to correct your mistake.

3. Do not guess, make a trade on definite rules and according to definite indications based on the rules which I lay down.

4. Never have a fixed idea that you know it all. If you do, you will not make any more progress. Times and conditions change and you must learn to change with them.

5. Human nature does not change and that is the reason history repeats and stocks act very much the same under certain conditions year after year and in the various cycles of time.

6. If you do not know where to place a Stop Loss Order, do not make the trade.

7. Follow the rules and do not take profits until there is a definite indication of a change in trend.

8. A wise man investigates and then decides, and a fool just decides.

9. If you can not follow a rule, do not start to speculate.

我更喜欢这样的说法：You must learn before and after you lose.

第三章

挑选强势股与弱势股

从 1938 年到 1943 年，过了 5 年，股价终于突破了区间的最高价。这表明这只股票还有继续上涨的倾向，这个时候是立即进场的时机，抬升的底部和顶部表明这只股票已经进入了上涨趋势。

——W. D. 江恩

长期低位盘整加上低迷的成交量是中长线交易者比较喜欢的高胜算形态。

——魏强斌

当其他股票创出新低的时候，不少股票却独立于大盘或其他板块的走势，创出新高。通过此前几年走势的图表，你能够判断出这些独立走势什么时候开始。

我们以市政服务（Cities Service）这只股票为例，在 1938 年时它的最高价是 11 美元，而 1939 年的最低价则是 4 美元，此后 1942 年的最低价是 2 美元，最高价则是 3.5 美元。由此看来，这只股票在 2~11 美元盘整了 4 年时间。

1942 年，其价格波动幅度仅为 1.5 美元，这表明当时这只股票的卖出意愿已经非常微弱了，当然也只有知情人士敢于买进。这个时候，其实你可以大举买入了，因为即便股票退市了，你也不过是每股损失了 2~3 美元而已。前提是你需要知道建仓的安全时机以及上涨趋势如何确定。

1943 年的时候，这只股票向上突破了 11 美元阻力位。

长期低位盘整加上低迷的成交量是中长线交易者比较喜欢的高胜算形态。

江恩的这种说法并不科学。不能根据股票的绝对价格来判断损失。无论你买的是百元股还是一元股，如果清零，那么都是 100% 亏损，除非你买入的时候是按照固定股数而不是固定金额。

1938~1943 年，过了 5 年，股价终于突破了区间的最高价。表明这只股票还有继续上涨的倾向，这个时候是立即进场的时机，抬升的底部和顶部表明这只股票已经进入了上涨趋势。

【深入解读和实践指南】3-1　低成交量盘整区向上突破结构的玄机

十几年前，有一个期货界的前辈在一次饭局中对我说："盘整突破肯定会跟，虽然不知道哪一次是真正的突破，会有持续的行情，但是一旦盘整突破我绝对不会放过。"他那个时候已经做了差不多十年交易了，持续盈利的模式已经形成。此前，他试过很多方法，效果都不好，直到以盘整突破交易为主才让他找到了自己安身立命的根本。

听完这席话十几年后，又遇到了一个做股指期货日内交易的高手，他有一套纯技术的交易方法，其中一个高胜率形态就是分钟线盘整突破。

自己做外汇很多年了，也体会到这个形态的胜算率和风险报酬率都比较理想。在股票市场上，如果能够加上成交量分析，则这个形态的有效性更高。

如果个股或者指数在一个价格趋于窄幅波动，最好形成一个窄幅区间，这期间的成交量是萎缩的。一旦价格放量突破这个区间的高点，那么就是买入机会（见图 3-1）。如果是持续下跌后盘整缩量，说明下跌动量不足，此后放量突破则意味着驱动因素或

图 3-1　低成交量盘整区突破

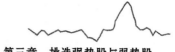

者心理因素发生了趋势性逆转。如果是上涨后盘整缩量，说明浮筹清理完毕，并没有高位出货的嫌疑，除非驱动面出现意外大利空，否则价格整理到一定时间向上突破的可能性较大。

1948 年 6 月的时候，这只股票升到高点 64.5 美元，在这只股票被确认为上升趋势后，已经上涨了 53 个点。如果你此前在 11 美元点位附近买入，那么设定 3 个点的止损幅度就足以防止任何风险了。这笔交易当中，即便你不加码也能够让你的资金增长 4~5 倍。

1949 年这只股票的最高价为 48 美元，最低价为 38 美元，后面这个价格仍旧高于 1948 年的最低价。只要这只股票的最低价维持在 38 美元之上，那么上升趋势仍旧能够保证，这种情况往往表明公司盈利条件良好。

> 突破盘整区间的高点，被认为是上升趋势确立的惯用方法之一。

1. 做多一只股票的同时做空一只股票

之前提到过，在有些股票上涨创出新高的时候，另外一些股票却在下跌并且创出新低。因此，很多时候你有机会在高位做空一只股票，同时在低位买入另外一只股票。此后，做空的股票下跌，做多的股票上涨，这样你就可以在多空两头赚钱。

> Pairs trading 是非常流行的一种交易方式，但是要做好不是那么容易。就技术面而言，做多强势股，做空弱势股是一个原则。但这个原则具体怎么落实，并不简单。江恩在本章也只是讲了个大概。

2. 做多瑞迪欧和做空百事可乐的案例

1947 年 8 月，百事可乐的股票价格为 34.5 美元，此前该股的交易价格升到过 40 美元。然后，这只股票的高点逐渐走低，基于此前给出的规则，你可以确认这只股票的向下趋势

已经确立了。假设你在 32 美元的点位做空了 100 股这只股票，止损单放置在 35 美元附近。

同时，瑞迪欧（Radio）的股价是 8 美元，而且在低位获得了强劲的支撑，因此假定你在 8 美元这个点位买入了 100 股这只股票，止损单放置在 7 美元附近。

如果两只股票的止损单都被触发了，那么不包括手续费在内，你将损失 400 美元。行情此后朝着有利于两个头寸的方向发展，因此止损并未被触发，百事可乐的股价继续下挫，而瑞迪欧的股价则继续上涨。

推算价格目标的方法很多，如根据双底的形态高度，也就是底部到颈线的高度来估算突破后的上涨目标等。江恩这里采用了最低价倍数法，当然你也可以采用斐波那契点位投射法，具体参考《高抛低吸——斐波那契四度操作法》（第二版）的第七课"下跌趋势潜在反转处的买入点"和第八课"上涨趋势潜在反转处的卖出点"。

1947 年，瑞迪欧的最低价为 7.5 美元，在这个点位上乘以 2 可以估计出它的顶部在 15 美元左右。1948 年 6 月，价格确实在涨到 15 美元之后遭到强大抛压，这个点位成了阻力位，价格未能突破，但是在这个点位附近有足够的时间来卖出。

也是在 1948 年，百事可乐的股价跌破了 20 美元，从此前的最高价 40.5 美元下跌了一半。因此股价跌破了一个重要的支撑点位，因此可以继续做空这只股票，但是止损单应该下降为 21 美元。

通常而言，江恩说的多少点，一般就是多少元，跌了 20 点，就是跌了 20 美元。另外，他习惯于利用高点和低点作为进场点和出场点，但是具体怎么判断这里并未详细提及，有点马后炮的感觉。

1948 年 12 月，百事可乐最低跌到了 7.5 美元，已经跌破了 1939 年以来的支撑位。在 8 美元回补空头的时机已经成熟了，这个点位了结头寸将带来 24 个点的利润。你在瑞迪欧上的获利将达到 7 个点。百事可乐并没有跌到 7 美元，此后反弹到了 12 美元。你可以在低位附近买入百事可乐，并在 7 美元处设定止损单，当然后来的走势并没有触发这个止损单。

3. 何时买入瑞迪欧

在买卖点位的决策上，你应该先查看一下最近几年的最高点和最低点，我以瑞迪欧为例来说明。1945 年，瑞迪欧的最高价为 19.625 美元；1947 年最低价为 7.5 美元；1948 年最高价位 15 美元。7.5 美元到 15 美元这个区间的 1/2 点位是 11.25 美元。

从最高价 19.625 美元回调 1/2 的点位是 9.81 美元，差不多 10 美元。1949 年 6 月 14 日，瑞迪欧跌到了 9.75 美元。直到 6 月 29 日，仍旧维持在 9.625 美元附近，这就给了你充足的时间在此价位附近买入，止损单放在 8.5 美元附近。接下来你需要知道股价什么时候才开始真正走强，进入上升趋势。我的答案是当股价突破 11.25 美元后，并且在这个点位之上收盘，那么这只股票将继续走高。此后的上涨目标是 1949 年的最高价 15 美元，以及 1945 年的最高价 19.625 美元。倘若股价最终能够突破 20 美元，那就处于强势状态，这意味着股价会进一步走高。我看好这只股票未来的走势，它极可能成为未来的龙头股。

前期高点和低点很多，如何确认其作为买卖点的有效性？怎么提高其胜算率？你怎么过滤这些点位呢？第一个思路是利用价格本身来过滤，如收盘价和 K 线形态；第二个思路是利用成交量来过滤；第三个思路是利用消息面来过滤。当然，还有一些其他思路，大家可以根据自己的经验做一个系统的归纳和总结。

【原著名言采撷】

1. It continued to make higher bottoms and higher tops, showing the main trend up.

2. Look up the chart for the high and low in recent years.

百分比点位的应用

当指数涨到关键的阻力点位时，也就是涨到历史顶部或底部时，你需要认真地观察和研究你所交易的个股，并且将我此前归纳出的规则用在个股的研判上。

——**W. D. 江恩**

百分比点位很多，道氏理论专家罗伯特·雷亚比较注重50%点位，而期货交易专家斯坦利·克罗也特别注重50%点位。

——**魏强斌**

我曾经做出的最大发现之一就是基于个股或指数的高低点计算出百分比点位。极端高点和极端低点绘制的百分比线谱可以用来预判未来的支撑阻力点位。

在现在的最低价与未来的最高价之间存在某种联系，你可以利用现在的最低价作为起点，然后基于一定的百分比预测下一个高点。当价格达到这个预测中的高点后，你可以做空这只股票，而风险是有限和可控的。

同样，现在的最高价与未来的最低价也存在某种联系，你可以利用现在的最高点作为起点，然后基于一定的百分比预测下一个低点。当价格达到这个预测中的低点后，你可以做多这只股票，而风险是有限和可控的。

在百分比点位中，50%是最为重要的支撑阻力位，也就是从低点反弹50%或者从高点回调50%。第二重要的点位就

一般的百分比方法是基于此前一波走势的幅度，以最近一个最高点和最低点之间的价格波幅为单位1，划分出百分比线谱，然后再以最低点为起涨点，也就是0点，在此基础上加上相应的百分比幅度，就可以推测出未来股价的可能高点。但是，江恩的方法更加强调直接用一个点位的数字乘以百分比，当然后面他也会提到第一种方法。但是这段主要讲的是第二种方法，就是直接在高点或低点的价格数字上乘以百分比来预测未来点位。两种方法都是逢高卖出或者做空的方法。

简言之，这其实就是逢低买入的方法。

某个高低点的整数倍也是预判未来高低点的方法之一，但就实践而言过于烦琐。行情走过后看很神奇，但是行情展开前的可能情景太多，除非加上一些过滤手段，比如 K 线形态。

是最低价的 100%，当然你还可以使用 200%、300%、400%、500%、600%，甚至更高的比例。具体采用什么比例还取决于价格本身以及从高点或者低点开始的时间周期。

第三个重要的点位是最高价或最低价的 25%，第四个重要的点位是最高价或最低价的 12.5%，第五个重要的点位是极端最高价的 6.25%，只有当指数或个股在非常高的价位上交易时才会采用这一点位。

第六个重要的点位是 33.33% 和 66.67%，在计算支撑阻力位时，这两个点位在 25% 和 50% 之后得出。

为了明确重要的支撑阻力点位是如何分布的，你需要有一张指数和正在交易个股的百分比点位表。例如，1896 年 8 月 9 日道·琼斯 12 种工业股指数达到一个最低价 28.5，而 1921 年 8 月 24 日该指数也达到了一个最低价 64，我基于这两个最低价计算出相应的百分比点位（见表 4–1）。

百分比点位很多，道氏理论专家罗伯特·雷亚比较注重 50% 点位，而期货交易专家斯坦利·克罗则也特别注重 50% 点位，不过他们两人的百分比计算方式都与江恩此处的方法存在差别。因为他们都采用最近一个波段的价格幅度作为单位 1 来计算百分比，而江恩此处的方法是直接将高点或低点作为单位一来计算百分比。

我们再来看一个例子，1932 年 7 月 8 日道·琼斯 30 种工业股指数跌到了 40.56 这个最低点，基于这个最低点计算出相应的百分比点位（见表 4–2），而基于最高点百分比点位的例子请参考表 4–3。当然我们还可以基于这些低点或者高点计算出其他百分比点位。

表 4–1　基于历史低点计算未来目标点位（1）

1896 年 8 月 8 日创出最低点 28.50	1921 年 8 月 24 日创出最低点 64.00
上涨 50% 是 42.75	上涨 25% 是 80.00
上涨 100% 是 57.00	上涨 50% 是 96.00
上涨 200% 是 85.50	上涨 62.5% 是 104.00
上涨 300% 是 114.00	上涨 75% 是 112.00
上涨 400% 是 142.50	上涨 100% 是 128.00
上涨 450% 是 156.75	上涨 125% 是 144.00
上涨 500% 是 171.00	上涨 137.5% 是 152.00
上涨 550% 是 185.50	上涨 150% 是 160.00
上涨 575% 是 192.75	上涨 162.5% 是 168.00
上涨 600% 是 199.50	上涨 175% 是 176.00
上涨 700% 是 228.00	上涨 187.5% 是 184.00

1896 年 8 月 8 日创出最低点 28.50	1921 年 8 月 24 日创出最低点 64.00
上涨 800%是 256.50	上涨 200%是 192.00
上涨 900%是 285.00	上涨 212.5%是 200.00
上涨 1000%是 313.50	上涨 225%是 208.00
上涨 1100%是 342.00	上涨 237.5%是 216.00
上涨 1200%是 370.50	上涨 250%是 224.00
上涨 1250%是 384.75	上涨 275%是 240.00
	上涨 300%是 256.00
	上涨 400%是 320.00
	上涨 500%是 384.00

表 4-2 基于历史低点计算未来目标点位（2）

1932 年 7 月 8 日创出最低点 40.56	1942 年 4 月 28 日创出最低点 92.69
上涨 25%是 50.70	上涨 12.5%是 104.27
上涨 50%是 60.84	上涨 25%是 115.86
上涨 75%是 70.98	上涨 37.5%是 127.44
上涨 100%是 81.12	上涨 50%是 139.00
上涨 150%是 101.40	上涨 62.5%是 150.58
上涨 175%是 111.54	上涨 75%是 162.16
上涨 200%是 121.68	上涨 100%是 185.38
上涨 225%是 131.82	上涨 112.5%是 196.96
上涨 250%是 141.96	上涨 125%是 208.45
上涨 275%是 152.10	
上涨 300%是 162.24	
上涨 325%是 172.38	
上涨 350%是 182.56	
上涨 375%是 192.66	
上涨 400%是 202.80	
上涨 425%是 212.94	

表 4-3 基于历史高点计算未来目标点位

1919 年 11 月 3 日创出最高点 119.62	1938 年 3 月 31 日创出最低点 97.50
上涨 100%是 239.24	上涨 100%是 195.00
上涨 200%是 358.86	1943 年 7 月 15 日创出最高点 146.50

1919 年 11 月 3 日创出最高点 119.62	1938 年 3 月 31 日创出最低点 97.50
上涨 325%是 388.50	下跌 50%是 73.35
1929 年 9 月 3 日创出最高点 386.10	上涨 25%是 183.27
下跌 50%是 193.05	上涨 50%是 219.75
下跌 75%是 96.52	1946 年 5 月 29 日创出最高点 213.36
下跌 87.5%是 48.32	下跌 25%是 160.02
1930 年 4 月 16 日创出最高点 296.35	
下跌 50%是 148.17	
下跌 75%是 74.08	
下跌 87.5%是 37.04	
1933 年 3 月 18 日创出最高点 110.53	
下跌 25%是 82.90	
1933 年 7 月 18 日创出最低点 84.45	
上涨 100%是 168.90	
1933 年 10 月 21 日创出最低点 82.20	
上涨 100%是 164.40	
1934 年 7 月 26 日创出最低点 84.58	
上涨 100%是 169.16	
1937 年 3 月 8 日创出最高点 195.50	
下跌 50%是 97.75	

1. 在 50%点位下交易的股票

前一波上涨的起点与终点，也就是低点与高点之间的波幅作为单位 1。当价格从高点下跌时，我们可以以高点作为 0 点，计算 0.5 点位和 0.75 点位对应的价位。其中，0.5 点位是一个非常重要的点位，江恩用它作为重要支撑点；如果股价能够在这个点位获得支撑，那么就可以买入，如果股价跌破这一点位，那么继续下跌成为可能。如何确认 0.5 点位支撑是否有效呢？我的建议是你可以参考一下 K 线形态和成交量。

当一只股票跌到极端高点和低点之间的一半时，或者说 50%时，非常重要的情况就出现了。如果股价并没有在此点位附近获得足够的支撑，并未企稳，那么下跌走势很可能继续，并且下跌到高低点波幅的 75%甚至更多。

另外，最高价的一半，或者说 50%，也是非常重要的一个点位。如果某只个股跌破了这一点位，那就表明下跌趋势已经形成了。如果从最高价的下跌仅是回调，那么就会在下跌到这一点位的时候获得支撑。千万不要去买入跌破了这一重要点位的个股，除非你能够看到其他止跌的信号，而这些信号是按照我的规则总结出来的。

2. 市场行为确认了这些规则

在我们进行百分比点位计算的时候，分别基于最高价或者最低价计算百分比点位是第一步，更为重要的是基于最高价和最低价的差值计算 50% 点位，或者是一半回撤幅度点位。在本小节中，我们将展开一些具体的例子来证明上述各种百分比点位规则的有效性。

基于 1896 年的低点 28.5 到 1919 年的高点 119.62，我们可以计算出两者之间的 50% 点位是 74.06。

基于 1896 年的低点 28.50 到 1929 年的极端高点 386.10，我们可以计算出两者之间的 50% 点位是 204.3。

基于 1921 年的低点 64 到高点 386，我们可以计算出两者之间的 50% 点位是 225.00。

基于 1930 年的高点 296.25 到低点 64，我们可以计算出两者之间的 50% 点位是 180.12。

基于 1930 年另一波走势的低点 28.5 到高点 296.35，我们可以计算出两者之间的 50% 点位是 162.37。

基于 1937 年的高点 195.50 到低点 28.50，我们可以计算出两者之间的 50% 点位是 112。

基于 1937 年的高点 195.50 到 1938 年的低点 97.50，我们可以计算出两者之间的 50% 点位是 146.50。

基于 1932 年的低点 40.56 到 1946 年的高点 213.36，我们可以计算出两者之间的 50% 点位是 129.96。

基于 1942 年的低点 92.69 到 1946 年的高点 213.36，我们可以计算出两者之间的 50% 点位是 153.02。

回撤 50% 点位分为两种情况：第一种情况是前一波段上涨，则计算回调 50% 点位；第二种情况是前一波段下跌，则计算反弹 50% 点位。

在计算出包括上述50%点位的各种百分比点位数据之后，我们就可以开始用此后的市场走势来验证其在顶部和底部预测中的有效性了。

截至1919年，道·琼斯30种工业股指数的最高价位为119.62，而该指数在1921年后，从最低点64开始上涨，上涨87.5%后则为120.00。一方面，119.62在这个点位附近；另一方面，最低点64上涨87.5%会达到这个点位，因此120.00这个点位作为阻力位极其重要。当该指数突破这一点位的时候，我们就要在64为起点的百分比点位表中查看此后可能成为顶部的点位。经过查询，我们发现从64点上涨500%则会达到384点。果然，1929年9月3日，该指数在386.10见顶。

64点上涨500%，就是64乘以600%，由此得到384。

再基于1896年的最低点28.50计算系列百分比点位，可以发现该指数上涨1250%后，达到384.75。在基于1919年的高点119.62计算系列百分比点位时，可以发现从该点位上涨225%是388.50，这表明该指数在384.00、384.75和388.50三个点位存在阻力。该指数在此后的实际走势中，曾经在盘中创出386.10的最高价，收盘最高价则为381.10。另外，3日图和9点转向图都表明市场在这些阻力位所在区域已经构筑了顶部。

当指数见顶之后，接下来我们要做的就是计算支撑点位和买入时机。第二章的规则三表明最高价的50%是最为重要的回撤点位。386.10的50%是193.05，这是一个支撑点位和买入点位。指数从1929年9月的最高点暴跌，到了当年11月13日时，达到了低点195.35，恰好为50%点位加上2.30个点。指数在这附近获得支撑企稳，构成一个潜在的买点。市场还差一点跌到50%点位，这表明市场仍旧处于强势。我们同样基于百分比点位，在低点195.35上加上50%，就得到了293.02，这是一个潜在的反弹目标点位和卖出做空点。

到了1930年4月16日，指数创出高点297.25，仅比我们计算出来的反弹目标点位高出几个点，但没有高出5个点。第二章的规则二表明指数或者股价必须突破关键阻力5个点，或者跌破关键支撑 5 个点才能被确认为有效突破。

　　基于 3 日图和 9 点转向图，指数已经在这个点位附近构筑了顶部。见顶之后，我们要计算出最低点 195.35 和最高点 297.25 之间的 50% 点位，具体来讲就是 246.30。如果指数跌破这个点位，那么就很可能进一步走低。另外，你可能注意到了上一波反弹的高点是 1930 年 9 月 10 日见到的 247.21 点，这也恰好在这个 50% 点位附近。此后，1930 年 11 月 13 日，市场又跌破了 195.35 这个低点，也跌破了 193.05，也就是 386.10 的 50% 点位，这表明市场仍旧处于下跌趋势，继续走低的概率很高。

　　此后，市场继续下挫，这期间有一些正常幅度的反弹，指数最终在 1932 年 7 月 8 日见底，此时价位为 40.56 点。如果我们查看一下以 28.50 为起点的百分比点位表，就会发现 28.50 上涨 50% 则为 42.75。另外，如果我们基于 1921 年的低点 64 减去 37.5%，则会发现 40.00 是一个重要的支撑点位。再往前回顾，你会发现 1897 年 4 月 8 日的高点为 40.37，在 3 日图上指数在 1897 年 6 月 4 日向上突破了这个点位，趋势由此反转，此后一直到 1932 年 7 月 8 日的 40.56 见底，这期间指数从未跌到过这个点位。

　　我们再从 40.56 这个极端低位开始计算出系列百分比点位。从该点位上涨 100%，则为 81.12。1932 年 9 月 8 日，指数上涨到了 81.50，恰好在 100% 点位上见顶。

　　1933 年 2 月 27 日，指数在 49.68 见底，这是该指数次级下跌最低点。在基于 40.56 的百分比点位表中，你应该会发现上涨 25% 是 50.70，这是一个极其重要的支撑点位，因此指数恰好在这个点位下方 1 点处见底。此后，市场重回上涨走势。

　　1933 年 7 月 18 日，指数已经上涨到了高点 110.53，并在此构筑了顶部，为什么会在这个点位附近形成顶部呢？通过查看百分比点位表可以看出些端倪。从 40.56 上涨 175%，则为 111.54，这是一个非常重要的阻力点位。另外，从低点 64.00 上涨 75% 则为 112.00，这同样表明附近的阻力强大，是一个潜在的卖出点或做空点。更进一步来讲，时间周期也同样表明市场临近顶部，因为这个时间点恰好距离 1932 年 7 月的低点有一年时间。

　　我们可以将相同的关键点位确定方式用在高点 110.53 上，从这个最高点减去 25%，就得到了 82.90 这个支撑点位和潜在买入点位。1933 年 7 月 18 日市场见顶后的三个交易日是股票市场下跌最为惨烈的时期之一。市场指数在 1933 年 7 月 21 日创出最低点 84.45，而这个点位恰好在前述这个重要支撑点位附近。此后，指数出现了一波快速回升，倘若你在支撑点位附近买入了股票，那么就可以在指数反弹到 107 点时卖出。

　　到了 1933 年 10 月 21 日，指数再度下跌，在极端低点 82.20 附近企稳，这比关键支撑点位 82.90 低了 1 个点。截至 1949 年 6 月 30 日，我写作本书的时候，指数再未跌

江恩点位比斐波那契点位还多，在实际运用中我很少采用江恩点位，最多采用50%回撤点位和一些整数倍点位，如100%。

如何高效地通过江恩百分比点位公式进行价格目标预判呢？最好能够基于 Excel 表格，将重点高低点输入表格，然后自动计算出各种百分比点位，最后你选择一个最密集点位区域作为价格目标。

到如此低的点位。在 82.20 的基础上计算百分比点位，加上 100%，则为 164.40 这个重要阻力点位。

此后，指数有所回升，到了 1934 年 7 月 26 日，指数再度下跌，见到低点 84.58。这是市场第三次跌到关键支撑点位附近，加上指数收在了最低点 40.46 的 100% 点位上方，这预示着一波大牛市解开了序幕。果然，超级牛市出现，指数持续上涨，突破了 1933 年 7 月的高点 110.53。

当指数突破这个高点之后，接下来的上涨目标点位是什么呢？386.10 上涨 50% 即 193.05。再者，回顾历史我们知道 1929 年 11 月的最低点为 195.35，同时 1931 年 2 月 24 日见到高点 196.96。因此，一个合理的阻力点位和上涨目标应该在 193~195。

1937 年 3 月 8 日，指数见到高点 195.50，这恰好处在上述区间的中位，同时 3 日图和 9 点转向图也确认了这是顶部。见顶之后，我们想要计算出新一轮跌势的目标点位。基于相同的方法，195.50 减去 50% 就得到了 97.75，这是个重要的支撑点位和潜在买点。

指数在 1938 年 3 月 31 日创下 97.50 这个低点，此后一轮新牛市展开了序幕。1938 年 11 月 10 日，指数创出最高点 158.75，相当于在此前低点的基础上上涨了 62.5%。从这个点位开始，大盘转势下跌，跌破了 50% 的关键点位。持续下跌的走势中，指数的高点和低点都在不断向下移动。最终，指数跌到了 110 以下，并且跌破了 97.50。

到了 1942 年 4 月 28 日，指数创出低点 92.69，这不仅比 1938 年的最低点还低了 3 点，而且这还是一个三重底，3 日图和 9 点转向图都可以确认这点，因此这个点位可以看作一个重要的潜在买入点。这可能是一轮新牛市的最佳买点。从 92.69 这个最低点，我们可以计算出一系列百分比点位，上涨 50% 是 139.00，上涨 12.5% 是 104.27，这些都是比较重要的阻力点位。

1942 年 8 月 7 日，指数跌到极端低点 104.58，恰好处在

104.27 点位之上。同时，从 213.33 到 104.27 的 50%点位是
158.50。

接着，我们需要计算出新一轮上涨的目标点位，也就是
重要的阻力点位。92.69 到 195.50 的 50%点位是 144.09，而
1937 年的高点 195.50 到 1938 年的低点 97.50 的 50%点位
146.50。

1943 年 7 月 15 日，指数涨到了 146.50 见顶，恰好处在
重要的 50%点位上。同时，7 月结束的时间周期也表明市场
临近顶部，随后的一波回调与 1933 年 7 月的情况类似。指数
处在回调中，下跌幅度还没有达到确认为转势的程度。需要
指出的一点是，从 92.69 上涨 37.5%是 127.44，但是指数并未
跌破这个点位。1943 年 11 月 30 日，指数见底，点位
128.94。此后，指数转而上涨并且向上突破了 146.50，也就是
前一个顶部和重要的阻力点位，而下一个阻力点位则是 1938
年 11 月 10 日创下的顶部 158.75。倘若指数有效突破了这个
强阻力点位，那么下一个目标点位将是 193.00~195.00，这是
上涨 50%点位。

> 江恩点位系列中的不少是基于八分数，如 2/8（0.25）、3/8（0.375）、5/8（0.625）、6/8（0.75）等。

1945 年 8 月，第二次世界大战结束了。指数在结束前的
7 月 27 日创下了最低点 159.95。此后，如果指数突破了以往
的高点，那么表明一轮新的牛市开始了。指数见底后上涨，
最终向上突破了 195.50，因此我看多后续走势。

行情继续上涨，接下来的第一个较为重要的百分比点位
是 204.30，也就是 28.50~386.10 的 50%点位。1946 年 2 月 4
日，指数在这个点位构筑了顶部，并在 2 月 26 日快速下跌到
184.04，此后再度上涨，突破了 208.00。

接下来的一个上涨目标点位是此前的极端高点 386.10 到
极端低点 40.56 的 50%点位——213.33。指数于 1946 年 5 月
29 日在 213.36 见顶，恰好是上述 50%点位，另外还需要注意
一点，从 40.56 上涨 425%则为 212.94，**这就进一步表明这附
近是一个重要的双重阻力位。**

> 0.25、0.5 和 0.75 是江恩非常注重的三个点位。在《斐波那契高级交易法》这本专著中，也提到了如何简捷而高效地利用 0.25 和 0.75 这两个重要点位，有兴趣的读者可以参阅一下。

见顶回落后，我们需要计算接下来的支撑点。从最高点

213.36 减去 25%，下跌的第一目标点位和潜在卖点就出来了——160.03。

此后的 1946 年 10 月 30 日，市场见到极端低点 160.49；1947 年 5 月 19 日，市场见到低点 161.32；1947 年 6 月 14 日，市场见到低点 160.62。市场三次都在这区域附近止跌企稳，而这些低点都在 1945 年 7 月 27 日的最低点 159.95 之上。

在上述三个支撑点位之上，指数在 1948 年 2 月 11 日形成了一个更高的低点，并持续上涨到 1948 年 6 月 14 日的 194.94 点，且再度回落到此前的 50% 点位。在 50% 点位处出现的顶部和底部非常频繁，这个点位的有效性也可以在 3 日图和 9 点转向图中得到进一步的确认。

3. 道·琼斯 30 种工业股指数目前所处位置

江恩讲了很多确认潜在关键点位的方法，如历史高点、历史低点和百分比点位等，如何确认价格是在这些点位反转还是突破了这些点位呢？江恩的方法是看收盘价是否突破了 5 个点，这是他的主要方法。根据你自己的经验，有什么具体的方法可以确认价格在关键点位附近的行为吗？什么情况是反转？什么情况是突破？

指数已经是第三度在 213.46 减去 25% 的点位上获得支撑了，而且指数曾经在 1945 年 7 月 26 日见到低点 159.95 后企稳。如果指数跌破上述关键点位，那么就可能进一步下跌到 152。

152 是 40.56 上涨 275% 的点位。下一个支撑点位在 146.59，这是历史高点和关键的 50% 点位。

1942 年，指数的最低点为 92.69，到了 1946 年，指数的最高点为 213.36，两者之间的 50% 点位是 153.02。

1949 年 7 月 19 日，我写到这里的时候，指数已经向上突破了 175，已经临近 177.5 了，这是一个重要的阻力点位，因为它是 160.49~194.49 的 50% 点位。因此，预计从 177.5 附近，指数可能会出现一波小幅度的回调走势。此后，当指数向上突破 182.5 时，也就是 1949 年 1 月 7 日的最高点，那么就会继续大踏步上涨。

需要特别指出的是，当指数涨到关键的阻力点位时，也

就是涨到历史顶部或底部时，你需要认真地观察和研究你所交易的个股，并且将我此前归纳出的规则用在个股的研判上。

4. 倾听市场

当你着手研究股票市场时，不要带有什么固定观点，不要受到希望和恐惧的驱使而交易股票。研习三种最为重要的因素，它们是时间、价格和成交量；研习我给出的交易规则；当交易规则表明市场趋势改变时，你要及时跟随变化。**倾听市场讲述它自己的故事，并且恪守交易规则产生的明确信号进行操作，那么获利是自然而然的结果。**

盈利是恪守正确规则的副产品！

【原著名言采撷】

1. The percentages of extreme high and low levels indicate future resistance levels.

2. The most important resistance level is 50% of any high or low price.

3. When you start to study the stock market do not have any fixed ideas and do not buy or sell on hope or fear.

价格短期修正的时间周期

交易者们仓位都偏重，几乎所有空头都认输离场了，能够成为多头的人都成为了多头，缺乏新的买盘，以至于出现一点抛售都缺乏足够的买家，这注定了会出现规模巨大的崩盘。

——W. D. 江恩

"超卖"如何具体去判断呢？除了类似 KDJ 之类的震荡指标之外，你还可以从什么指标和维度去判断超卖？有一个秘诀，那就是跟踪财经媒体和自媒体等。

——魏强斌

你经常听到大众说股市需要来一次修正，因为价格涨得太快或者跌得太快。如果这种情况发生在上涨的市场中，则是因为超买发生了，空头已经回补了，市况处于技术性弱势。那么，价格回调就是必然的进程了。这个时候，有非常高的概率会出现超预期的快速调整，这种快速的调整很大程度上叠加了人们的恐慌情绪。牛市中的突然下跌会让不少人失去信心，进而悲观地认为市场会进一步下跌，但实际上这种短期的修正反而会为市场再度上涨奠定基础，市场会再度处于技术性强势。

同样的情况也发生在市场下跌趋势中，这个时候因为市场已经累积了过多的空头头寸，当多头迫不及待地出逃后，下跌走势趋弱。多头的加速离场反而使市场在短期内快速反

在牛市中，所谓的空头回补，在情绪和仓位上而言就是大家一致看多和做多了，也就是所谓的"最后一个看空者已经缴械了"。既然愿意买进的人都买进了，那么这些人其实就转变成了潜在的空头，因为他们可能随时卖出。

"超卖"如何具体去判断呢？除类似 KDJ 之类的震荡指标之外，你还可以从什么指标和维度去判断超卖？有一个秘诀，那就是跟踪财经媒体和自媒体等，一旦媒体集体乐观时，往往市场和板块相关个股就会出现回调，甚至转势向下；一旦媒体集体悲观时，往往市场和板块或相关个股就会出现反弹，甚至转势向上。

战争会极大地刺激各种金融市场的波动，J. L. 在《股票作手回忆录》当中也口述了当时的一些判断和操作，可以结合起来阅读。大机会怎么来呢？除了货币政策大变化之外，大规模的战争也是金融市场大波动的来源。

弹。这种短期暴涨会引发乐观情绪，大众会寄希望于市场进一步上升，于是一些人会在上涨后跟进，结果必然是套在反弹顶部。反弹趋弱后，市场修正结束，下跌趋势卷土重来。

为了避免对市场的趋势形成误判或是犯错，你应该恪守我给出的所有法则和规则。你需要记住一点：如果你犯了错，或者发现自己犯了错，改正的办法就是马上离场，或者是在交易的时候就设定止损单保护资本，这是最好的方法。你要永远记住上涨持续的最长周期和调整的最长周期，以及下跌持续的最长周期和反弹的最长周期。一旦你搞清楚了时间周期这个问题，那么就可以更好地确定趋势的延续和修正。我在本章之所以要回溯市场的历史变化，并且指出快速反弹和下跌的时间周期以及趋势反转的关键点位，就是为了让大家能够确定趋势的延续和修正。下面给出的市场历史走势是连续的，代表市场历史走势的数据基于道·琼斯 30 种工业股平均指数。

战争爆发导致抛压沉重，纽约证券交易所在 1914 年 7 月 8 日曾经关闭，直到同年 12 月 12 日才恢复交易，巨大的抛盘导致价格跌到许多年的最低点。

1914 年 12 月 14 日，指数见到最低点 53.17。此后，市场一路上扬，因为战争时期的大量订单使上市公司的利润丰厚。1918 年 11 月 11 日第一次世界大战结束之后，这轮牛市延续了一年左右的时间。

1919 年 11 月 3 日，指数升到了最高点 119.62，这是历史性的高点。从 53.17 开始算起，指数已经涨了 66.45 点。涨幅巨大，指数已经涨了 5 年了。所以，当 1919 年 11 月 3 日以后市场出现暴跌时，你应该对此心中有数——这可能是见顶的迹象。

此后，大盘持续下跌到 1921 年 8 月 24 日，见到低点 63.90。下跌期间伴随有几次常规的反弹。这波下跌持续了差不多 22 个月，然后市场从上述低点开始上涨，上涨持续到 1923 年 3 月 20 日，见到高点 105.50。这波涨势持续了 19

个月。

接着，市场又从高点 105.50 下跌，在 7 个月的时间周期里跌了 20 个点，跌到 1923 年 10 月 27 日，见到最低点 85.5。这轮下跌是常规的下跌走势，并不让人意外。

在 9 点转向走势图上，经常会出现 20 点、30 点、40 点等幅度的涨跌波段。其中，20 点是正常市况中的一种常态波动。因此，你需要在所有类型的走势图上，特别是 3 日走势图上查看它，这也是需要注意趋势发生变化的地方，一般而言，上升趋势中的第一次闪跌，往往都只是一次回调走势，上涨态势并不会就此打住。

1924 年 2 月 6 日，市场见到高点 101.50，这时市场已经从最近一个波段低点上涨了 16 个点，但仍旧未能突破 1923 年 3 月 20 日的市场顶部，一旦突破就是创新高了。

1924 年 5 月 14 日，市场见到低点 88.75，这波下跌持续了 69 天，规则八表明市场运动周期常常位于 60~72 天。88.75 这个点位比 1923 年 10 月 27 日的低点要高出 3 个以上，这表明市场在此处获得了强大的支撑，上涨态势不变。

1925 年 3 月 6 日，市场见到高点 123.50，这个点位已经超越了 1919 年的最高点将近 4 个点幅度。我的法则规定价格必须超过前一个高点 5 个点或者更多，才能确认市场趋势继续向上。但是，这只是价格继续走高的一个信号。此后，调整跟着出现了，因为市场从最近一个低点 85.50 附近持续上涨，现在需要一次调整。

1925 年 3 月 30 日，市场见到低点 115.00，这个时候指数已经下跌了 8.5 个点，而非 10 个点的幅度，这表明这是一次正常的调整而已，市场的强势不改。另外，指数并没有跌破 1919 年创出的历史高点 119.62 以下 5 个点的位置，这表明市场将继续上涨，而这段回调仅持续了 24 天，只不过是牛市中的修正而已。

1926 年 2 月 11 日，市场见到高点 162.50，从前一个最低点 115.00 上涨了 47.5 个点的幅度，耗时 355 日。市场这期间

收盘价（高低价）相对于支撑点位或阻力点位的差值是江恩确认市场行为是否有效的重要手段。收盘价（高低价）高于阻力点位 5 个点甚至更多，则江恩认为上涨趋势确立或将持续；收盘价（高低价）如果低于阻力点位，则表明阻力有效，市场未能突破；如果收盘价（高低价）在阻力点位之上，但是差值小于 5 个点，则趋势不明朗。同样的法则也可以用在下跌情形中。通过收盘价（高低价）与关键点位的差值来确认突破或反转，这就是江恩通过价格线过滤关键点位有效性的主要思路。如果你要用在个股上，那么你就需要根据一个百分比而不是绝对值来设定这个过滤机制了。例如，收盘价高于阻力点位 2% 表明突破有效。

也有小幅修正的时候。

　　1926 年 3 月 30 日，市场见到低点 135.25，指数下跌了 37.25 点，持续 17 天。这次下跌波幅超出了正常情况，正常情况下的日均波幅是 1 个点。不过，这仍旧是牛市大背景下的合理修正，此后趋势继续向上。

　　1927 年 10 月 3 日，市场见到高点 199.78，指数在 186 日内上涨了 60.25 个点。此时，指数恰好位于 200 之下。这里大家可以结合前面的规则三来理解，具体来讲就是在 100、200 和 300 等整数关口存在较为强大的抛售压力。市场现在的情况表明会出现一次调整，而事实确实如此。

　　1927 年 10 月 22 日，市场见到低点 179.78，指数在 19 日当中下跌了 20 个点。这是一次回调，接下来的当然就是重回上涨趋势了。此后，指数突破了 200，创出新高，价格运动进入了更高水平的新区间。

　　1928 年 11 月 28 日，市场见高点 299.35，指数在 403 个交易日中上涨了 199.5 个点。299.35 这个价位恰好在 300 整数关口下面，市场未能马上突破，这表明应当会有一次回调走势，毕竟指数从前一个底部持续上涨了超过 1 年时间。

　　1928 年 12 月 10 日，市场见到低点 254.50，指数在 12 天下跌了 44 个点。从 1921 年 8 月开始的这轮大牛市运行以来，这是最猛烈的一次回调。但是，指数并没有在猛烈修正后继续走低，而是逐渐抬升底部。这些都表明向下修正走势已经结束了，指数将继续上涨。

　　1929 年 3 月 1 日，市场见到高点 324.50，这波上涨持续了 81 天，涨了 70 点。这个价位接近 325 这个关键点位，这是一个存在较大抛压的关键位置，回调走势再度出现了。

　　1929 年 3 月 26 日，市场见到低点 281，指数在 25 天内跌了 43.5 个点。这里有一个细节需要注意，这次下跌与 1928 年 11 月 28 日到 12 月 10 日的那波下跌类似。市场在这些点位上获得支撑，然后上涨走势重新开始。

　　1929 年 5 月 6 日，市场见到高点 331，指数在 41 天内涨

外汇市场上的整数关口往往都存在显著的阻力或者支撑，00 和 50 结尾的价位是非常显著的，如 1.2000 或者是 1.1150 等。这些点位有时候以趋势转折点的面目出现，有时候则是修正起点或者终点。

箱体理论在江恩的著述中也能找到相关的影子。

为什么整数关口作为关键点位会有效呢？到底是大投资者习惯于在整数关口进出，还是技术分析的自我实现呢？

低点越来越高，高点也越来越高，这是什么趋势？低点越来越低，高点也越来越低，这是什么趋势？低点越来越高，高点却越来越低，这是什么走势？前两种情况是单边走势的结构，后面是震荡走势的结构，江恩最注重哪一种类型？

了 50 点，创出新高。这表明经过修正之后，市场有充分的能量继续走高。

1929 年 5 月 31 日，市场见到低点 291，指数经过 25 天下跌了 41 点。这与上轮下跌的持续时间一致，但是底部却抬高了 10 个点，这表明多头的支撑力度增强了，趋势仍旧向上，市场毫无疑问会继续向上。

1929 年 9 月 3 日，市场见到 386.10，指数在 95 天内涨了 95 点。上涨的市场每个交易日的平均涨幅是 1 个点，这是我发现的规律之一。事实上，这是大牛市的终极高点。这轮超级牛市伴随着巨大的成交量而出现，可以称得上是历史上最大的成交量。参与者来自全世界，人气极旺，自然使成交规模较为庞大。从 1921 年 8 月到 1929 年 9 月，股市持续上涨，从 64 点涨到了 386.10 点。持续时间很长，涨幅巨大，因此追踪牛市结束的信号自然是时候了。牛市见顶的信号突兀地出现了，来得很突然。通过 3 日图你可以发现第一次见顶信号的出现点位。**交易者们仓位都偏重，几乎所有空头都认输离场了，能够成为多头的人都成为了多头，缺乏新的买盘，以至于出现一点抛售都缺乏足够的买家，这注定了会出现规模巨大的崩盘。**

1929 年 11 月 13 日，市场见到低点 195.50，指数在 71 天内跌了 190.6 个点，这是史上短时内跌幅最大的一波。市场出现超买之后会出现下跌，此后出现了第一波杀跌之后的反弹。这属于次级反弹，在熊市的收尾阶段，暴跌之后总会出现一次快速的反弹，然后再度下探真正底部，随后趋势反转，熊市结束。

1929 年 12 月 9 日，市场见到 267，指数在 27 天内涨了 71.7 个点，这是短期超卖情况下的空头暂时回补导致的。毕竟，快速下跌之后，市场需要一次反弹来修正。

1929 年 12 月 20 日，市场见到低点 227，指数在 11 天内跌了 40 个点，下跌速度非常快，急跌之后必然有反弹。

1930 年 4 月 16 日，市场见到高点 297.50，指数在 154 天

统计市场的平均波幅是一种很有用的做法，在外汇市场中我经常这样做。对于日内交易而言，你可以估计潜在利润空间；对于趋势交易而言，你可以合理地设定止损。日均波幅可以通过 ATR 这个常用的技术指标来追踪，当然你可以利用 Excel 等工具。

空头不死，多头不止。可以这样去推理：中国楼市上的空头什么时候都没有声音了，顶就见到了。

趋势交易者不会被"急跌之后必有反弹"这类常识误导，否则很容易错失大行情，如次贷危机后商品期货市场的大行情。你能调和江恩的这点主张与趋势交易的矛盾吗？

的时间内从 1929 年 11 月 13 日的低点 195.50 上涨了 102 点。但这只不过是大熊市中的次级反弹，因此要注意反弹结束的第一个信号，一旦出现就意味着有了做空的机会。基于 3 日图，你可以发现它是如何给出反弹结束信号的。1930 年 4 月 16 日之后，市场继续下跌走势，一直跌到了同年 10 月 22 日，见到低点 181.50，这轮下跌持续了 188 天，下跌幅度达到了 116.5 个点。

这轮下跌走势中也出现了若干次规模较小的反弹，但是跌势明显，跌破了 1929 年 11 月 13 日的低点，这表明熊市还将持续。不过，在熊市期间，一旦短期超卖出现，快速的反弹就会紧随而至，如同上述情况。

1930 年 10 月 28 日，市场见到高点 198.50，指数在 16 天内涨了 17 个点。大家应该不会忘记我此前提到的一个规律，正常的反弹一般在 20 个点。这轮反弹未能达到 20 点的涨幅，这表明市场处于弱势，趋势仍旧向下，此后的走势果然不出所料。

1930 年 11 月 11 日，市场见到低点 168.50，指数在 13 天内跌了 30 个点，从幅度上来讲算得上是快速下跌了。股价的暴跌引发了抛售潮，争相卖出以便减少亏损。不过，物极必反，在暴跌之后，必然有短期内的反弹。

1930 年 11 月 25 日，市场见到高点 191.50，指数在 15 天内上涨了 33 个点，算得上一次快速反弹。即便如此，反弹并未触及 1929 年 11 月 13 日的最低点 195.50，这表明市场还是处于弱势，指数还将继续走低；同时，这波反弹的高点也低于 1930 年 10 月 28 日的高点 198.50，这表明大趋势仍旧是向下的，上涨走势不过是熊市中的反弹而已。

统计主要运动和次级折返（修正）的波幅，这种做法查尔斯·道、J. L. 和江恩都在做，他们为什么要这样做呢？

历史上的年度低点和高点是江恩判断趋势及其强弱的重要参考系。

1. 长期下跌后的恐慌盘以及熊市中的快速反弹

1930年12月2日，市场见到高点187.50。指数从这个较低的高点开始了新一轮下跌，而且在最后一波恐慌盘杀跌的走势中，价格跌幅相当恐怖，那些抱着希望持仓的参与者们被惨淡的现实狠狠地教训了一把。

1930年12月17日，市场见到低点154.50，指数在15天内跌了33个点，日均跌幅差不多2个点，比正常下跌速度快了很多。快速下跌后会在历史支撑点位以及150.00上获得一个支撑，进行反弹修正。

1931年2月24日，市场见到高点196.75，这个点位与1929年11月13日的底部非常接近，同时还比1930年10月28日的历史高点低一些，这些点位附近会成为通常的阻力点位和卖出做空点。为什么这样说呢？因为根据我的规则，历史顶部会变成底部，底部会变成顶部，当市场达到历史顶部或底部附近时，良好的交易点位就出现了。

1931年2月24日，市场见到高点196.75。这个位置非常接近1929年11月13日的一个重要低点，同时要比1930年10月28日的高点低一些。一方面，在前期起点附近受阻；另一方面比前期高点更低，这表明市场在此受到了强大的抛压。我在前面已经提到了阻力和阻力点位的相互转化，前期的低点体现了支撑，而现在变成了阻力，成了卖出或做空的良机。

1930年12月17日到1931年2月24日这轮反弹持续了69天，这与1929年9月3日到11月13日持续71天的下跌都体现了类似的规律，那就是前面章节介绍的规则八，也就是67~72天的时间周期。这波上涨的幅度有42.25点，在2月24日见顶之后反弹结束了。这轮反弹持续的时间很短，在3日走势图上，你可以发现指数走低的信号。一个显著的特征

阻力点位和支撑点位是可以相互转化的。江恩是怎么判断转化的呢？利用5点幅度原理，即参看收盘价相对于关键点位的差值。

江恩百分比有太多点位，江恩时间周期也有太多节点，作为一个长年做交易的人对此还是有点"不屑一顾"的。想要把走势都框到一个包罗一切的模型中，这其实根本上是行不通的。当然，我个人的做法是化繁为简，百分比点位只采用非常常见的1~3个。至于时间周期，越是做趋势交易的人，越是反对臆测时间节点。很多年前，我深入研究过各种时间周期理论，如螺旋历法等，确实可以提前给出一些潜在的重要点位，但是对于实际操作的性价比并不高。因此，"理论如何落地"是江恩理论学习者早晚都会面对的一个问题。其实，江恩理论当中最有用的部分还是一些与J. L.相同的东西，另外一些"玄乎"的东西可以供分析师使用，对于交易者而言，就没有必要花费很多精力去研究了。当然，一家之言，只是希望大家不要走弯路。

是指数从 1929 年牛市结束以来，低点越来越低，同时高点也越来越低。由此可见，趋势仍然是向下的。

1931 年 6 月 2 日，市场见到低点 119.60，市场跌到了 1919 年的最高点附近。还记得我此前提到的阻力点位和支撑点位相互转化的原理吗？市场到了前期高点，那时候这个点位是阻力点位，现在价格跌到这个点位附近，那么这个点位就成了支撑点位了。因此，我们可以期待在这个点位附近会有一次反弹。毕竟，指数已经从 1931 年 2 月 24 日的高点下跌了 77.25 个点，持续时间为 98 天。

1931 年 6 月 27 日，市场见到高点 157.50，在此之前指数涨了 37.90 个点，持续时间为 25 天。这个高点要比 1930 年 12 月 17 日的低点要高一些，不过仅高出了 3 个点，而我的规则是要高 5 个点以上。因此，这是一个卖出点或做空点，另外这波上涨持续的时间也很短，进一步确认了弱势。

1931 年 10 月 5 日，市场见到低点 85.5，指数在 100 天内下跌了 72 个点，时间周期与前一次差不多。

1931 年 11 月 9 日，市场见到高点 119.50，因此这里成了一个做空点或者说卖出点。这波反弹持续了 35 天，幅度为 34 个点。前面章节的规则十二表明一次正常的反弹，日均波幅为 1 个点。因此，这波上涨属于正常的反弹，当市场再次达到高位时，你可以选择做空。观察 3 日走势图，你会发现跌势重启，市场的下跌趋势并未改变，此前只是反弹而已。

1932 年 2 月 10 日，市场见到低点 70，这轮下跌持续了 92 天，指数下跌了 49.5 个点。

1932 年 2 月 19 日，市场见到高点 89.50，指数在 9 天内持续上涨了 19.5 个点。这个位置仅比 1931 年 10 月 5 日的低点高出 4 个点，因此这是一个卖出点或者说做空点。上涨势头趋弱，在关键点位附近受阻，3 日走势图表明指数已经短期见顶了，此后将再度下跌。

简单来讲，5 点以上表明突破有效；5 点以内表明区间有效。

无论是 3 日走势图、9 点转向图，还是新三价图、OX 图、J. L. 记录法等，都是为了一个目的，过滤掉市场噪声。忽略掉那些细微的波动，专注于巨大的波动，这是赚大钱的不二法门。

突破关键点位 5 个点以内，都表明突破无效，关键点位的支撑阻力作用仍存在，区间仍旧有效，市场将掉头。突破而作，是破位交易；高抛低吸，是见位交易。什么时候进行破位交易，什么时候进行见位交易，这个就看价格在关键点位附近的表现了。5 个点是定性价格表现的关键标准。

【深入解读和实践指南】5-1　幅度过滤法确认点位的性质

一个关键点位充当支撑阻力作用，一旦被有效突破则价格会进入一个新的区间，这个时候就应该跟随突破方向进场。J. L. 非常注重点位被突破后的跟进，其轴心点操作思路就是基于点位这个核心。江恩理论的基本要点是周期和点位，因此江恩的许多论述都是围绕点位展开的。江恩的"点位理论"分为两大部分：第一部分是点位的确定，百分比方法、历史高低点等方法都是关于如何确定点位的；第二部分是点位突破有效性的判断。

江恩如何判断突破的有效性呢？通过周期来过滤这种方法在理论上是可行的，但是要真正用起来还是有诸多不方便的地方。于是，江恩提出了"幅度过滤法"，如果你没有将这个地方搞清楚，那么就会感觉江恩对于历史行情的很多综述毫无价值。只要你搞清楚了这点，那么再看他对历史波动的分析和操作，就会豁然开朗。江恩会不断提到距离高点或低点的点数，这个点数不是没有意义的，往往是真假突破的临界值。

当价格从下方接近一个关键点位时，这个点位被假定为"阻力点位"，价格向上突破关键点位，如果没有超过5个点，则是假突破；如果向上突破超过5个点，则是真突破（见图5-1）。**假突破按照高抛原则操作，相当于做空多头陷阱。真突破按照追涨原则操作。**江恩大多数时候是根据盘中价格决定这5个点的，但我个人更倾向于收盘价。

图5-1　江恩对向上突破的"波幅过滤法"

当价格从上方接近一个关键点位时，这个点位被假定为"支撑点位"，价格向下跌破关键点位，如果没有超过5个点，则是假突破；如果向下跌破超过5个点，则是真突破（见图5-2）。**假突破按照低吸原则操作，相当于做多空头陷阱。真突破按照杀跌原则操作。**江恩大多数时候是根据盘中价格决定这5个点的，但我个人更倾向于收盘价。

图5-2　江恩对向下突破的"波幅过滤法"

突破而作，看似简单，其实里面的前提条件很多，波幅过滤法只是其一，你还可以结合成交量、题材性质和盘口特征进行过滤。

2. 大熊市中的最后恐慌盘

1939 年 3 月 9 日，市场触及了此前的高点，但是并未出现超过 5 个点的突破，因此阻力仍旧有效，可以按照区间交易思维来操作，也就是见位做空或者卖出。

江恩很注重 7 这个数字，有些专家说这是卢卡斯数列的关键数字。当然，你总能找出一大堆历史上的奇闻逸事来支撑你的观点。学交易是由简入繁，做交易是化繁为简。如果你不能简化你的系统，那说明你还只是处在学交易阶段，而不是做交易阶段。

1932 年 3 月 9 日市场见到高点 89.50，这与 1932 年 2 月 19 日的高点一样。两个高点相距 18 天，指数两度在这里受阻，这表明市场已经见顶，下跌将继续。除非指数能够有效突破上述两个点位，否则趋势仍旧往下。

1932 年 7 月 8 日，市场见到低点 40.56，此前指数在 121 天内跌了 49 个点。在 1932 年 3 月 9 日到 7 月 8 日的这波下跌走势中，出现的反弹力度都疲弱，最大的反弹幅度是 7.5~8 个点，没有达到 10 个点。根据我此前给出的规则，这是幅度最小的反弹。另外，这些反弹持续的时间也非常短，从未超过 7 天。其中，一个从 6 月 9 日低点 44.50 到 6 月 16 日高点 51.50 的反弹只持续了 7 天，上涨幅度才 7 个点。

从 1938 年 7 月 8 日的低点开始，市场开始再度上涨。第一波上涨持续了 8 天，而指数上涨了 5 个点。接着是一波持续 3 天的回调，但是指数仅下跌了 2 个点。此后，指数一直涨到了 1932 年 9 月 8 日，这期间只出现了一些 3 天或 5 天的回调。这轮上涨持续了 62 天，指数涨了 41 个点。就涨幅百分比而言，这是一次翻倍的行情。你可以参考此前提到的规则八，那么你就会明白这类上涨或下跌会持续 60~67 天。

我们来回顾一下，从 1930 年 4 月 16 日极端高点 297.50 开始的下跌趋势中，最长的反弹持续了 69 天，而大多数反弹持续的时间为 25 天、35 天或 45 天，这些都是熊市中较大的反弹幅度。

从 1929 年 11 月 13 日到 1930 年 4 月 16 日，指数走出一波上涨，幅度为 101.25，持续了 154 天。

1932 年 9 月 8 日市场见到高点 81.50，市场此后出现了一波暴跌。

1932 年 10 月 10 日市场见到低点 57.5，指数在 32 天内跌了 24 个点，这仅是一次调整，此后市场展开了一轮中等幅度的反弹。

3. 9 月 8 日高点后的次级调整

1933 年 2 月 27 日，市场见到低点 49.50，此前指数下跌了 32 个点，持续 172 天。这与 1930 年 4 月 16 日开始的那波持续 154 天的上涨可以比照。这轮下跌之后，罗斯福宣布就任总统，并且临时让所有银行停止营业。此后，当银行恢复营业之后，股市上涨就开始了。后来，政府停止了金本位，这项措施将带来通货膨胀效应。这项因素也对股市起到了刺激作用，于是在巨大成交量的推动下，趋势继续向上，牛市来了。相对于那些下跌趋势中的反弹走势，上涨趋势中的第一波上涨更加快速，而且幅度更大。

1933 年 7 月 18 日，市场见到高点 110.50，从同年 2 月 27 日的低点算起，指数已经上涨了 144 天，涨幅为 61 点。这轮上涨行情伴随着成交量放大，也就是所谓的价涨量增。在持续上涨之后，市场出现了超买迹象。其中的迹象之一是大宗商品的大玩家 E. A. 科瑞福德博士破产了，他在商品和股票市场上都有大手笔的操作，最初是大宗商品见顶暴跌，然后引发了股市的恐慌抛盘。股市的这次 3 日连续下跌堪称 1929 年以来市场最惨烈的一次暴跌，这是上涨趋势中的快速调整。

1933 年 7 月 21 日，市场见到低点 84.35，指数在短短 3 天的市价内就跌了 26.08 点。不过，指数仍旧在 1932 年 9 月 8 日的高点上方。这一特征表明市场仍旧有反弹的空间，前期高点的支撑作用明显。这波快速杀跌其实创造了一个良好的

罗斯福新政是放弃或者说废除了金本位制度的，这就使纸币本位制确立起来，一旦纸币没有了一个稳定锚，那么政府在危机中滥发货币拯救经济是必然的措施，而这必然带来过多的流动性，对于资产市场是大利好，是大机会。次贷危机后，美联储大举放水于此有异曲同工之妙。

真正伟大的投机客，需要长命百岁。要做到这点就必须在暴赚一波大趋势后，大幅降低"放在场内的筹码"。投机是暴利，投资是复利。暴利后不减筹码，必然暴毙！

买入机会。

4. 次级反弹

见顶后下跌，然后反弹，反弹不过前高，然后再度下跌，跌破第一波下跌的低点，这个形态我称为"N 字顶"，这是一个非常简单但是很少被人注意的趋势反转形态，当然 N 字结构也可以作为持续结构存在。关于"N 字顶"，更加详细的解释可以参考《股票短线交易的 24 堂精品课》的第五课"指数 N/2B 法则：趋势开始的确认信号"。

上涨趋势见顶之后会出现第一波暴跌，接着会出现一波反弹，将指数带到牛市的顶部附近。如果这个次高点要比牛市顶部低很多，也就是反弹幅度不大，那就表明市场确实比较疲弱。

例如，1933 年 9 月 18 日，市场见到高点 107.68，指数在 62 天的时间内上涨了 23.23 点，它比 7 月 18 日的高点还低 3 个点，同时 3 日走势图表明趋势即将反转，市场再度恢复下跌走势。

1933 年 10 月 9 日，市场见到高点 100.50；此后的 10 月 21 日，市场见到低点 82.20，指数在 12 天内跌了 18.25 个点。这也是一次短时间内的下跌，下跌速率很快，但是整体幅度并不大，并未达到我强调的 20 点，这表明市场并不太弱。这次下跌的低点是 1933~1949 年的上涨走势中出现的最低点位。从 1933 年 7 月 18 日的高点到 10 月 21 日的低点，持续了 95 天，这个数字恰好落在规则八给出的时间区域之内，也就是下跌或者上涨波段有时候会持续 90~98 天。事实上，此后又开启了新一轮牛市。

5. 暴跌式调整

1934 年 4 月 20 日，市场见到高点 107.50，这比 1933 年和 1934 年的高点更低。

1934 年 5 月 4 日，市场见到低点 89.50，此前指数下跌了

18 个点，持续了 24 天。市场再度下跌，但是也没有超过 20 个点，这与 1933 年 10 月 21 日的跌幅类似，因此表明指数并不弱势，上涨可期。

6. 底部

1934 年 7 月 11 日，市场见到高点 99.50。同年 7 月 26 日，市场见到低点 84.25，指数在 15 天内下跌了 15 个点。前面提到的规则十二指出日均下跌 1 个点是比较正常的，因此这次下跌是一种比较正常的下跌。

从 1933 年 7 月 18 日的高点开始下跌以来，市场已经跌了一年多了，我估计指数已经临近转折了。基于 3 日走势图，你会发现市场见底的信号清晰明确。因此指数在 3 日走势图上已经突破了顶部，趋势转而向上了。事实上，上一个重要顶部是 1934 年 7 月 11 日的 99.50，因此如果市场价格有效突破 100 这个关键点位，意味着指数会继续走高。

1934 年 7 月 26 日是新一轮牛市的起点，指数站在了 1933 年 10 月 21 日的低点之上 2 个点，因此可以将现在的上涨看作 1932 年启动的牛市延续。

1935 年 2 月 18 日，市场见到高点 108.50，指数恰好比 1934 年 4 月 20 日的高点高出 1 个点，这表明目前点位是一个阻力点位或者说做空卖出点位。

1935 年 3 月 18 日，市场见到低点 96.00，指数在 28 天内跌了 12.5 个点，下跌幅度并未超过 20 个点，因此算得上是正常的调整，较小的下跌幅度表明市场处于强势之中，此后进一步上涨可期。

1936 年 4 月 6 日，市场见到高点 163.25。从 1935 年 3 月 18 日的低点算起，此轮上涨已经持续了一年多，是时候展开调整了。

江恩将 5 点作为关键点位突破是否有效的过滤参数，将 20 点作为衡量波段强弱的参数。这种思路可以借鉴，但是用在具体的金融市场上还需要做一些调整和测试，最好的办法不是用绝对值，而是用相对值，具体来讲就是用涨跌百分比。当然，你可以考虑用 ATR，这也是一个自适应的参数。

突破前期高点并未超过 5 个点，只有 1 个点，因此突破无效，阻力继续有效。

道氏理论的一些专家也对牛市的持续时间做过统计研究，还绘制出了正态分布曲线，也就是大多数的牛市长度都显著地围绕一个均值分布。在江恩理论中，上涨一年多，可以看作这个正态分布的"钟形曲线"的"中间值"。

1936 年 4 月 30 日，市场见到低点 141.50，指数在 24 天内跌了 21.75 个点。市场在这个低点附近再度获得支撑，并且在 3 日走势图上呈现出上涨走势，指数仅下跌了不到 22 个点，幅度不算太大，因此可以看作牛市中的一次正常修正走势。

1936 年 8 月 10 日，市场见到高点 170.50，指数再度超买需要一次修正。此后指数下跌，于 8 月 21 日见到低点 160.50。这波下跌持续了 11 天，跌了 10 个点，这仅是一次正常的调整，因为幅度并未超过 20 点。趋势仍旧向上，这是一次较好的买入时机。

【深入解读和实践指南】5-2 江恩的突破买入法和调整买入法

J. L. 几乎没有怎么谈论调整买入，但是江恩却用了很多笔墨来介绍调整买入法。突破买入法一般称为"破位买入"，调整买入法一般称为"见位买入"。

江恩用幅度定义了破位与见位。如果股价向上突破阻力点位 5 个点以上，那么就是破位，也就是江恩破位买入法的信号（见图 5-3）。

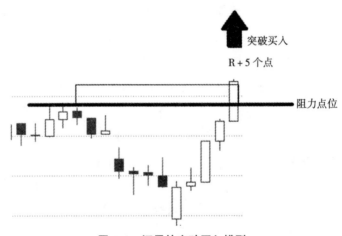

图 5-3 江恩的突破买入模型

如果价格跌到某一支撑点位，那么分两种情况：第一种情况是价格高于支撑点，但是差值在 5 个点以内，那么表明支撑有效，可以趁机买入，这是江恩没有明说但是经常用到的调整买入法之一。为什么要求在 5 个点以内呢？如果离得太远，则有可能是价格还未跌到这里，不能表明支撑有效。第二种情况则是江恩放到台面上明说的方法，那就是跌破了支撑点位，但是差值在 5 个点内，这就是一般认为的"空头陷阱"，也是江恩的调整买入法（见图 5-4）。

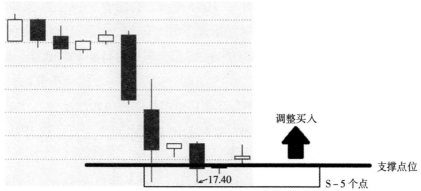

图 5-4　江恩的调整买入模型

7. 牛市的顶部

1937 年 3 月 10 日，市场见到高点 195.50。指数达到了 1929 年 11 月形成的低点，也比过去的高点更低。对于即将出现牛市顶部的走势来讲，这是一个自然而然的阻力点位和卖出做空点位。

这轮牛市从 1932 年 7 月 8 日开始，持续了 56 个月，涨幅为 155 个点。最近一波上涨开始于 1934 年 7 月 26 日，一直持续到 1937 年 3 月 10 日，耗时 31 个月 12 天，幅度为 110 点。

转势下跌是从 1937 年 3 月 10 日开始的，基于 3 日走势图和我的其他规则，市场的顶部确认无疑，趋势已经向下。当然，在牛市顶部形成后还会出现一波次级反弹。

卖出是了结多头头寸，或者说结束此前买入的头寸；做空是新开立空头头寸。这些常识希望大家要搞清楚，特别是对做空不熟悉的读者。

8. 熊市中的次级反弹

1937 年 6 月 14 日，市场见到低点 163.75，从 3 月 10 日

开始指数下跌了 32.75 个点，持续了 96 天。根据规则八，下跌持续时间落在正常区间，因此次级反弹预计将会出现。

1937 年 8 月 14 日，市场见到高点 190.50 点，指数在 61 天内上涨了 26.75 个点。60 天是一个比较重要的时间节点，这与 1932 年 7 月 8 日牛市结束后的次级反弹持续时间类似。**指数低于 1937 年 3 月 10 日的高点 5 个点，这表明市场处于弱势。**此后不久，市场转而下跌。

1937 年 10 月 19 日，市场见到低点 115.50。指数从同年 3 月 10 日的高点开始下跌，跌幅为 80 个点。然后又从同年 8 月 4 日的高点下跌了 75 个点，虽然跌到了 1919 年的低点之下，**但是并没有向下突破超过 5 个点。**市场在持续下跌后，出现了超卖迹象，一波快速反弹即将来临了。

1937 年 10 月 29 日，市场见到高点 141.50，指数 10 天涨了 26 个点。这次上涨仅算作反弹，因为 3 日走势图表明市场将迅速转而下跌。

上涨突破关键点位超过 5 个点，被江恩定义为涨势继续的信号。下跌跌破关键点位超过 5 个点，被江恩定义为跌势继续的信号。

9. 熊市中的最后恐慌盘

交易者需要时刻留意可能出现的最后一波上涨或者下跌，因为这个阶段是最为疯狂或恐慌的大决战阶段。

1938 年 3 月 15 日，市场见到高点 127.50。

1938 年 3 月 31 日，市场见到低点 97.50，指数在 16 天内下跌了 30 个点，平均每天下跌了 2 个点，算得上是暴跌。从 1937 年 3 月 10 日开始的**下跌走势已经持续了一年多，而且指数已经从最高点下跌了 50%。**还记得我此前提到的 50% 点位吗？这是非常重要的一种百分比点位。

1938 年 7 月 25 日，市场见到高点 146.50，这轮反弹从 5 月 27 日算起，持续了 65 天，幅度为 40 个点。走势拐点又要出现了。

价格幅度上的"50%"和时间周期上的"一年"是江恩做出走势反转判断的重要依据。斯坦利·克罗做期货的时候希望利用"50%"这个幅度，而道氏理论则喜欢利用"一年"这个刻度。

1938 年 9 月 28 日，市场见到低点 127.50，指数在 9 天内跌了 19 个点。这是一次较为正常的调整，因为根据我此前提出的规则，一个上涨或者下跌波段不超过 20 点的幅度，算是比较正常的波动。上涨中正常的修正为我们提供了一个较好的买入点。

10. 小牛市的结束

1938 年 11 月 10 日，市场见到高点 158.75，此前市场从 3 月 21 日开始上涨，持续了 224 天，涨幅达到了 61.75 个点。紧随而来的是一次合理的快速下跌。

1938 年 11 月 28 日，市场见到低点 136，指数下跌了 22.75 个点，持续了 18 天。这波下跌超过了 20 个点，这表明牛市已经结束了，进一步的下跌会展开。

> 江恩重视时间、价格等因素，在回顾股市走势倾向于基本只从这两个维度展开。其实，如果他能够结合一些重大基本面的变化展开，可能会让我们更清楚地知道一些关键的驱动因素，如货币政策和经济周期等。当然，这是我的一己之见，权当消遣。

11. 暴跌和洗盘结束

1939 年 3 月 27 日，市场见到高点 143.50。同年 4 月 11 日，市场见到低点 120.00，指数在 15 天内跌了 23.5 个点。**这已经超出了 20 个点**，因此是对市场超卖的强势修正，同时也表明市场会更进一步反弹。

从 1938 年 11 月 10 日到 1939 年 4 月 11 日，指数在 152 天之内跌了 38.75 个点，这是指数的一次合理修正。

> 永远不要忘了江恩的"20 点"和"5 点"两个关键参数，这样你才能读懂这些枯燥的历史走势复盘文章。否则，你什么都学不到，只会看到一堆毫无意义的数字。

12. 战时股市

题材催化剂如何与江恩点位和时间节律结合起来？

1939 年 9 月 1 日，德国入侵波兰，第二次世界大战爆发，市场在这天见到低点 127.50。战争爆发让大众想起 1914~1918 年的第一次世界大战，当时股市一路上涨。因此当第二次世界大战爆发后，大众蜂拥买入股票，空头也开始大举回补。

1939 年 9 月 13 日，市场见到高点 157.75，指数在 12 天内上涨了 30 个点。这个速度非常快，幅度也超出了 20 个点。但是这波上涨并未突破 1939 年 11 月 10 日的高点 158.75，而是在历史顶部附近犹豫不决，这表明这一点位附近存在沉重的抛压。这些特征表明指数已经达到了上涨尾声，而且临近下跌展开。

江恩这几段的叙述风格比较符合我的胃口，也能得到一些驱动面和行为面交互影响的经验。当然，如果你是纯技术派，则不在此列。

1940 年 5 月 8 日，市场见到高点 149。接着，市场开始一轮暴跌，跌到 5 月 21 日见到低点 110.50。这轮下跌持续了 13 天，跌了 38.5 个点。5 月 21 日、28 日和 6 月 10 日，指数形成了三重底部，这表明在这一区域市场的支撑强劲。同时，这波下跌是德国入侵法国成功时出现的。

此后出现的反弹一直持续到了 1940 年 11 月 8 日，这与 1938 年的高点恰好间隔 2 年。

1940 年 11 月 8 日，市场见到 138.50。在这轮反弹之后，市场的高点和低点都逐渐走低，直到熊市底部出现。

13. 熊市的底部

市场从 1938 年 3 月 31 日跌到 1942 年 4 月 28 日，市场见到低点 92.69。这波下跌跨度为 49 个月。92.69 附近有一些

关键点位，1938 年 3 月 31 日的低点为 97.50，而 1935 年 3 月 18 日的低点为 96.00。**目前指数并未跌破历史低点超过 5 个点，因此在 3 日走势图上形成了一个买入机会点。**

从 1942 年 4 月 28 日的低点开始，指数的修正幅度逐渐变小，修正的时间也越来越短，并且在 1943 年以前并未出现 10 点以上的修正，这都表明趋势继续向上。

1943 年 7 月 15 日，市场见到高点 146.50，指数处于一系列历史低点之下，抛压沉重，回调展开的迹象明显。

此后，指数在 18 天内下跌了 13 个点，这是一次较为自然的调整。1943 年 8 月 2 日，市场见到低点 133.50。相比之下，此前指数从 92.69 涨到了 146.50，幅度为 53.81 个点。

1943 年 11 月 30 日，市场见到低点 128.50。指数从 1943 年 7 月 15 日的高点下跌了 18 个点，持续时间为 138 天。这是牛市中的合理修正走势，趋势继续向上。

1945 年 3 月 6 日，市场见到高点 162.50。指数向上突破了 1938 年 11 月 10 日的高点 158.75，这表明市场处在牛市当中，指数将继续走高，不过暴跌修正突然出现了。

1945 年 3 月 26 日，市场见到低点 151.50。指数在 20 天内跌了 11 个点。需要注意的是 1940 年 4 月 8 日见到的高点为 152，此后出现了一次下跌。因此，当指数跌到 1945 年 3 月 26 日时，见到低点 151.50，这就接近以往的顶部位置了，这就是一个良好的支撑点位和买入位置。

1945 年 5 月 8 日，盟军对德国的战争进入了尾声阶段，这对股市而言是一个利好消息。因此，指数开始上涨。

1945 年 5 月 31 日，市场见到高点 169.50，这是一个新的高点。

1945 年 7 月 27 日，市场见到低点 159.59，此前指数在 57 天内跌了 9.55 个点。这是一波跌幅甚微的走势，回调连 10 个点也未能达到。同时，指数停在 1938 年 11 月 10 日的高点之上。这些特征表明市场仍旧处在牛市当中。

1945 年 8 月 14 日，盟军对日本的战争结束，取得胜利，

下跌跌破关键点位，但并未超过 5 个点，因此关键点位的支撑有效。

关于第二次世界大战的股市走势分析，可以参考比格斯的一本专著。

为什么开战是利好？战争结束又是利好呢？开战是利好是因为大家预期会像第一次世界大战一样，美国长时间保持中立，可以两边卖军火和物质，大发战争财。战争结束是利好，是因为大家发现第二次世界大战中后期美国也被深深地拖入其中，美国的珍珠港遭到袭击，日本的扩展严重影响美国在太平洋的战略利益。因此，当第二次世界大战结束后，大众认为美国的财政平衡将恢复，战后重建将有利于经济发展。欧洲因为第二次世界大战普遍衰落，日本也被打倒，远东地区还处在动荡之中，美国一枝独秀。

这是一则利好消息。因此，股市新一轮的涨势展开了。

1945 年 11 月 8 日，市场见到高点 192.75。指数涨到了前期成交密集区，也就是之前低点和高点的下方一点，此后出现了较为自然的回调。

1945 年 11 月 14 日，市场见到低点 182.75，指数在 6 天之内跌了 10 个点，这与此前出现的回调类似，属于合理的修正，市场趋势仍旧朝上。

1945 年 12 月 10 日，市场见到高点 196.50。指数涨到了历史高点、低点和成交密集区附近，出现修正的可能性很大。

1945 年 12 月 20 日，市场见到低点 187.50，指数在 10 天之内跌了 9 个点，因此这是一次正常的回调。需要注意的一点是指数已经突破了 1937 年的低点，这表明市场还将继续走高，毕竟这个关键点位是在时隔七年多之后被突破的。

1946 年 2 月 4 日，市场见到高点 207.49。此前，市场已经在放量的情况下持续上涨了好几个月，指数需要一定程度的回调来完成修正。

1946 年 2 月 26 日，市场见到低点 184.05，指数在 22 天内跌了 23.44 个点。这是从 1942 年 8 月 28 日以来最为迅速的下挫，发出了牛市接近尾声的首次信号。

此后，一轮上涨使指数在 1946 年 4 月 10 日见到高点 208.93，这比 1946 年 2 月 4 日的高点还要高，市场继续上涨。不过，指数短期内出现了双顶，一波修正紧接着出现了。

江恩一直比较重视"双零价位"。有些交易方法会寻找双零价位的突破交易机会，而另外一些交易方法则会选择双零价位突破失败的交易机会。所谓矛与盾，永远处在不断进化之中。交易方法也是如此。

1946 年 5 月 6 日，市场见到低点 199.26。此前，市场在 26 天跌了 9.67 个点，属于一次正常的调整。同时，收盘价在 200 点以上，这表明整数关口的支撑有效，指数会进一步上涨。

14. 牛市的顶部

1946 年 5 月 29 日，市场见到高点 213.36，这是 1942 年

4月28日开始的这轮牛市的最后阶段。这轮牛市的时间跨度为49个月，与1938年低点到1942年低点的时间跨度相同。这轮牛市期间，指数上涨了120.75个点。不过，5月29日的高点仅比2月4日的高点高出6个点，在3个多月时间内市场并未有显著的上涨，这表明牛市已经到了强弩之末的地步。1946年5月29日见到高点之后，指数的3日走势图及时给出了趋势转而向下的信号。

1946年6月21日，市场见到低点198.50，指数在23天内下跌了14.86个点。这是牛市结束的第一个明确信号，不过紧接着次级反弹出现了。

1946年7月1日，市场见到高点208.50，指数涨到了1946年2月的高点附近。不过，10天内上涨10个点表明这只不过是熊市中的反弹而已。

1946年7月24日，市场见到低点195.50，指数跌到了1937年和1945年12月的高点，这是回调获得支撑的关键点位。

1946年8月14日，市场见到最后一个高点205.25，然后就拐头大跌，指数跌破了184点，这也是1946年2月26日的低点。这表明市场趋势已经转而向下了。另外还有一点需要注意，那就是1946年8月14日见到的高点是下跌趋势中反弹形成的最后一个高点。

> 反弹不创新高，或者不能有效突破前期高点，那么就是所谓的N字顶部或者是多头陷阱。

1942年4月到1949年5月这波牛市的时间跨度仅次于1929年那波，算得上是历史上最长的牛市之一。但牛市结束时，快速的下跌就出现了。

1946年10月30日，市场见到低点160.49，指数从同年5月29日的高点下跌了53个点，持续时间为154天。需要注意的是，1945年7月27日的低点为159.95，但指数跌到这一附近时，支撑效果就显现出来了。

从1946年5月的高点到10月的低点，指数下跌了25%，持续时间为154天。可以把这轮下跌看成是对前期超买状态的一种修正，此前市场并没有出现像样的修正。从1946年10

> 是修正（回撤）走势，还是转势，有时候不能及时确认，需要后续走势来确认，这就需要先模糊地定义。

月 30 日的低点开始，市场出现了一轮反弹。

1947 年 2 月 10 日，市场见到高点 184.50。此前，指数在 103 天内涨了 24 个点，恰好靠近 1946 年 2 月的低点，但是未能有效突破，反而回落。两个点位之间的时间间隔刚好是一年，这一信号对于进一步确认趋势转为下跌非常重要。

15. 次级回调

1947 年 5 月 5 日，市场见到高点 175.50。同年 5 月 19 日，见到低点 161.50，此前市场在 14 天内下跌了 14 个点。日均跌幅为 1 个点，完全符合我此前提出的规则，也就是正常的市场波动为每天 1 个点。5 月 19 日这个点比 10 月 30 日的低点更高一点，这就构成了双底形态，并且提供了一个潜在的买点，这个买点在 3 日走势图上得到确认。

1947 年 7 月 25 日，市场见到高点 187.50，指数此前在 67 天内涨了 26 个点。这个 67 天落在 60~72 天这个范围之内，属于价格运动的正常周期之一，因此市场此后将会出现正常的下跌。

1947 年 9 月 9 日和 9 月 26 日，市场见到低点 174.50，指数在 46 天内跌了 13 个点，紧接着上涨出现了。

1947 年 10 月 20 日，市场见到高点 186.50，指数在 24 天内上涨了 12 个点，这个高点比 1947 年 7 月的高点更低，这表明阻力有效，这是一个潜在的卖出点或者说做空点，趋势继续向下。

1948 年 2 月 11 日，市场见到低点 164.04，指数从 1947 年 7 月开始下跌了 23.40 个点，这个低点比 1946 年 10 月和 1947 年 5 月的两个低点都要高，这表明市场的支撑力度显著，因此这是一个潜在的买入点。从 3 日走势图上可以明显看到指数先是在一个狭窄的区间内震荡了 1 个月，接着出现了

江恩的时间周期方法如果能够利用大数据分析手段来落实，会更省力，也更能证伪。

上涨。

1948 年 6 月 14 日，市场见到高点 194.49。此前，指数从 2 月 11 日开始涨了 30.45 个点，持续时间为 126 天。在这波上涨期间出现的回调都没有超过 6 天，在幅度上也都没有超过 4 个点。持续的上涨必然引发超买状态。这个高点在过去的低点和高点附近，具体而言是在 1937 年高点和 1929 年低点附近。因此，现在点位位于阻力点位附近，这形成了一个潜在的卖出点或者说做空点。

1948 年 7 月 12 日，这波走势见到最后的高点 192.50。几天后的 7 月 19 日见到最低点 179.50，指数在 7 天内跌了 13 个点，这是指数将进一步下跌的征兆。

1948 年 9 月 7 日，市场见到低点 175.50，指数跌到了过去的支撑点位附近。这预示着后续的反弹将展开，而这在整个趋势的演变中都有重要的意义。

1948 年 10 月 26 日，市场见到高点 190.50，指数在 29 天内涨了 15 个点，这个高点要比前面的高点更低。目前的情况跟 1937 年 8 月 14 日的情景类似，此后市场掉头下跌。不要忘记了时间周期，也不要忘记了历史上那些重要的点位，因为它们对于判断未来的走势非常重要。目前的指数比 1948 年 6 月和 7 月更低，而且又与 1946 年 10 月间隔了 2 年，因此这是比较重要的高位反转点位。

> 反弹到前期高点之下出现拐头迹象，那么你会如何看到市场未来的最可能趋势？江恩屡屡在判断趋势的时候利用这一信号。具体什么是"拐头迹象"呢？例如，反转向下的 K 线形态等，当然你也可以利用西方竹节线的反转向下形态，如长钉反转线等。

16. 选举后的暴跌

1948 年 11 月 1 日，市场见到高点 190；11 月 30 日，市场见到低点 170.50，指数在 29 天内跌了 18 个点，达到了一个支撑点位，潜在的反弹被引发。

1949 年 1 月 7 日和 24 日，市场见到高点 182.50，指数上涨了 11 个点，花了 38 天的时间。根据此前提到的规则八，

> 双顶的颈线被跌破，根据一般技术形态分析理论，做空机会来临了。

当指数达到 1 月 7 日和 24 日的高点之后拐头，然后又跌破了 1 月初见到的低点，那么趋势向下就会完全确认了。

1949 年 2 月 25 日，市场见到低点 170.50，这只比 1948 年 11 月 30 日的低点低 1 个点，因此支撑被确认有效，反弹将要展开。

1949 年 3 月 30 日，市场见到高点 179.15。此前，指数从 2 月 25 日的低点反弹，涨幅仅为 8.65 个点，持续时间为 33 天。涨幅连 9 个点都没有，这一事实表明市场仍旧处于弱势，指数将进一步走低。

大家不要忘了规则八，也就是重要的趋势转折点经常出现在 5 月 5~10 日。回到实际走势中，我们发现 1949 年 5 月 5 日见到最后一个高点为 177.25，它比 3 月 30 日的高点还要低，也比 4 月 18 日的高点低，这表明大趋势仍旧是朝下的，市场将继续下跌。

1949 年 6 月 14 日，市场见到低点 160.62，指数从 1949 年 3 月 30 日开始跌了 18.43 个点，持续时间为 76 天。这是指数第三次来到同样低的点位。

1946 年 10 月 30 日，市场见到低点 160.49；1949 年 5 月 19 日，市场见到低点 161.38。

从 1949 年 5 月 5 日到 6 月 14 日的最后一波下跌，持续了 40 天，跌幅为 16.63，指数第三次跌到了同样的点位，而且恰好与 1948 年 6 月 14 日的高点间隔 1 年，这表明这是一个潜在的买点，反弹即将展开。

从 1949 年 6 月 14 日启动的反弹一直持续到现在，截至写作本书时的 1949 年 7 月 17 日，指数已经涨到了 175 点之上。无论从 1949 年的哪个低点开始算起，这都是当年最大的涨幅了。

按照江恩突破有效原则，要超过 5 个点才算有效突破，否则原有点位的支撑阻力作用仍旧有效。

为什么是 9 点？这个需要结合 9 点转向图来理解。

低点逐渐抬升，江恩这段话是想说明这个意思。

【原著名言采撷】

1. Remember, when you do make a mistake or see that you are wrong, the way to correct it is to get out of the market immediately, or best of all when you make trade, place a stop loss order for the protection of your capital.

2. After the stock market makes top and has the first sharp decline, there is always a secondary rally that carries prices up around the extreme level, and if this rally is considerably lower than the first extreme top, it is an indication of greater weakness.

指数重要波段的时间周期

为何不向历史学习!?

——B. H. Liddell Hart

大数据挖掘是每一个交易者都必须学习的一门功课。

——魏强斌

如果你有道琼斯工业股平均指数每波涨跌的时间记录，并且对于涨跌幅度也了如指掌，那么你就能判断出指数未来的运动周期。历史上出现频率最高的时间周期可以作为判断未来走势结束的窗口。

把数据输入统计表格中，你也许能发现一些分布规律。

在表6-1中，你能够看到道·琼斯工业股平均指数的历史涨跌数据，最后一列的持续天数表明指数从上个点位运行到当前点位的时间。

表6-1 道·琼斯工业股平均指数的历史数据统计

年份	日期	点位性质	点位数值	涨跌	持续天数
1912	10月8日	高点	94.25		
1913	6月11日	低点	72.11	下跌	246
	9月13日	高点	83.50	上涨	94
	12月15日	低点	75.25	下跌	95
1914	3月20日	高点	83.50	上涨	95
	2月24日	低点	53.17	下跌	279

续表

年份	日期	点位性质	点位数值	涨跌	持续天数
1915	4月30日	高点	71.78	上涨	127
	5月14日	低点	60.50	下跌	14
	12月27日	高点	99.50	上涨	199
1916	7月13日	低点	86.5	下跌	198
	11月21日	高点	110.5	上涨	30
	12月21日	低点	90.5	下跌	30
1917	1月2日	高点	99.5	上涨	14
	2月2日	低点	87	下跌	31
	6月9日	高点	99.25	上涨	127
	12月19日	低点	65.90	下跌	192
1918	10月18日	高点	89.50	上涨	304
1919	2月8日	低点	79.15	下跌	103
	7月14日	高点	112.50	上涨	156
	8月20日	低点	98.50	下跌	37
	11月3日	高点	119.62	上涨	26
	11月29日	低点	103.50	上涨	26
1920	1月3日	高点	109.50	上涨	35
	2月25日	低点	89.50	下跌	53
	4月8日	高点	105.50	上涨	42
	5月19日	低点	87.5	下跌	41
	7月8日	高点	94.5	上涨	50
	8月10日	低点	83.50	下跌	33
	9月17日	高点	89.75	上涨	38
	12月21日	低点	65.90	下跌	96
1921	5月5日	高点	80.05	上涨	135
	6月20日	低点	64.75	下跌	46
	7月6日	高点	69.75	上涨	16
	8月24日	低点	63.90	下跌	49
1922	10月14日	高点	103.5	上涨	52
	11月14日	低点	93.5	下跌	31
1924	2月6日	高点	101.50	上涨	84
	5月14日	低点	88.75	下跌	98
	5月20日	高点	105.50	上涨	98

续表

年份	日期	点位性质	点位数值	涨跌	持续天数
1924	10月14日	低点	99.50	下跌	55
1925	1月22日	高点	123.50	上涨	100
	2月16日	低点	117.50	下跌	25
	3月6日	高点	125.50	上涨	18
	3月30日	低点	115.00	下跌	24
	4月18日	高点	122.5	上涨	19
	4月27日	低点	119.60	下跌	9
	11月6日	高点	159.25	上涨	192
	11月24日	低点	148.50	下跌	18
1926	2月11日	高点	162.50	上涨	78
	3月3日	低点	144.50	下跌	20
	3月12日	高点	153.50	上涨	9
	3月30日	低点	135.50	下跌	18
	4月24日	高点	144.50	上涨	25
	5月19日	低点	137.25	下跌	25
	8月24日	高点	162.50	上涨	97
	10月19日	低点	146.50	下跌	56
	12月18日	高点	161.50	上涨	60
1927	1月25日	低点	152.50	下跌	38
	5月28日	高点	172.50	上涨	123
	6月27日	低点	165.50	下跌	30
	10月3日	高点	195.50	上涨	97
	10月22日	低点	179.50	下跌	19
1928	1月3日	高点	203.50	上涨	73
	1月18日	低点	191.50	下跌	15
	3月20日	高点	214.50	上涨	62
	4月23日	低点	207.00	下跌	34
	5月14日	高点	220.50	上涨	21
	5月22日	低点	211.50	下跌	8
	6月2日	高点	220.50	上涨	13
	6月18日	低点	202.00	下跌	16
	7月5日	高点	214.50	上涨	19

年份	日期	点位性质	点位数值	涨跌	持续天数
1928	7 月 16 日	低点	205.00	下跌	11
	10 月 24 日	高点	260.50	上涨	100
	10 月 31 日	低点	249	下跌	7
	11 月 28 日	高点	298.50	上涨	28
	12 月 10 日	低点	254.36	下跌	12
1929	2 月 1 日	高点	325	上涨	53
	2 月 18 日	低点	293	下跌	17
	3 月 1 日	高点	325	上涨	13
	3 月 26 日	低点	281.50	下跌	25
	5 月 6 日	高点	331	上涨	41
	5 月 31 日	低点	291	下跌	24
	7 月 8 日	高点	350.50	上涨	38
	7 月 29 日	低点	337	下跌	21
	9 月 3 日	高点	386.10	上涨	36
	10 月 4 日	低点	321	下跌	31
	10 月 11 日	高点	358.50	上涨	7
	10 月 29 日	低点	210.50	下跌	18
	11 月 8 日	高点	245	上涨	10
	11 月 13 日	低点	195.50	下跌	5
	12 月 9 日	高点	267	上涨	27
	12 月 20 日	低点	227	下跌	11
1930	2 月 5 日	高点	274	上涨	47
	2 月 25 日	低点	259.50	下跌	20
	4 月 16 日	高点	297.75	上涨	50
	5 月 5 日	低点	249	下跌	19
	6 月 2 日	高点	275	上涨	28
	6 月 25 日	低点	207.50	下跌	23
	7 月 28 日	高点	243.50	上涨	33
	8 月 9 日	低点	234.50	下跌	12
	9 月 10 日	高点	247	上涨	32
	10 月 18 日	低点	183.50	下跌	38
	10 月 28 日	高点	298.50	上涨	10
	11 月 10 日	低点	168.25	下跌	13

年份	日期	点位性质	点位数值	涨跌	持续天数
1930	11月25日	高点	191.50	上涨	15
	12月17日	低点	154.50	下跌	22
1931	2月24日	高点	196.75	上涨	59
	4月29日	低点	142	下跌	64
	5月9日	高点	156.00	上涨	10
	6月2日	低点	119.50	下跌	24
	6月27日	高点	157.50	上涨	25
	8月6日	低点	132.50	下跌	40
	8月15日	高点	146.50	上涨	9
	10月5日	低点	85.50	下跌	51
	11月9日	高点	119.50	上涨	35
1932	1月5日	低点	69.50	下跌	57
	1月14日	高点	87.50	上涨	9
	2月10日	低点	70	下跌	27
	2月19日	高点	89.50	上涨	9
	6月2日	低点	43.50	下跌	103
	6月16日	高点	51.50	上涨	14
	7月8日	低点	40.60	下跌	22
	9月8日	高点	81.50	上涨	62
	10月10日	低点	57.50	下跌	32
	11月12日	高点	68.50	上涨	33
	12月3日	低点	55.50	下跌	21
1933	1月11日	高点	65.25	上涨	39
	2月27日	低点	49.50	下跌	47
	7月18日	高点	110.50	上涨	141
	7月21日	低点	84.50	下跌	3
	9月18日	高点	107.50	上涨	59
	10月21日	低点	82.20	下跌	33
1934	2月5日	高点	111.50	上涨	107
	3月27日	低点	97.50	下跌	50
	4月20日	高点	107	上涨	24
	5月14日	低点	89.50	下跌	24
	6月19日	高点	101.25	上涨	36

续表

年份	日期	点位性质	点位数值	涨跌	持续天数
	7月26日	低点	84.50	下跌	37
1934	8月25日	高点	96.25	上涨	30
	9月17日	低点	85.75	下跌	23
	1月7日	高点	106.50	上涨	112
	2月6日	低点	99.75	下跌	30
	2月18日	高点	108.50	上涨	12
	3月18日	低点	96	下跌	28
1935	9月11日	高点	135.50	上涨	177
	10月3日	低点	126.50	下跌	22
	11月20日	高点	149.50	上涨	48
	12月16日	低点	138.50	下跌	26
	4月6日	高点	163.25	上涨	112
	4月24日	低点	141.50	下跌	18
1936	8月10日	高点	170.50	上涨	108
	8月21日	低点	160.50	下跌	11
	11月18日	高点	186.25	上涨	89
	12月21日	低点	175.25	下跌	33
	3月10日	高点	199.50	上涨	79
	4月9日	低点	175.50	下跌	30
	4月22日	高点	184.50	上涨	13
	6月14日	低点	163.75	下跌	53
1937	8月14日	高点	190.50	上涨	61
	10月19日	低点	115.50	下跌	67
	10月29日	高点	140.50	上涨	10
	11月23日	低点	112.50	下跌	25
	12月8日	高点	131.25	上涨	15
	12月29日	低点	117.50	下跌	21
	1月15日	高点	134.50	上涨	17
	2月4日	低点	117.25	下跌	20
1938	2月23日	高点	133	上涨	19
	3月31日	低点	97.50	下跌	36
	4月18日	高点	121.50	上涨	18
	5月27日	低点	106.50	下跌	39

续表

年份	日期	点位性质	点位数值	涨跌	持续天数
1938	7月25日	高点	146.50	上涨	59
	8月12日	低点	135.50	下跌	18
	8月24日	高点	145.50	上涨	12
	9月28日	低点	127.50	下跌	35
	11月10日	高点	148.75	上涨	43
	11月28日	低点	145.50	下跌	18
1939	1月5日	高点	155.50	上涨	38
	1月26日	低点	136.25	下跌	21
	3月10日	高点	152.50	上涨	43
	4月11日	低点	120.25	下跌	31
	6月2日	高点	140.50	上涨	52
	6月30日	低点	128.75	下跌	28
	7月25日	高点	145.50	上涨	25
	8月24日	低点	128.50	下跌	30
	8月30日	高点	138.25	上涨	6
	9月1日	低点	127.50	下跌	2
	9月13日	高点	157.5	上涨	12
	9月18日	低点	147.5	下跌	5
	10月26日	高点	156	上涨	38
	11月30日	低点	144.50	下跌	35
1940	1月3日	高点	153.50	上涨	34
	1月15日	低点	143.50	下跌	12
	3月28日	高点	152	上涨	73
	5月21日	低点	110.61	下跌	54
	5月23日	高点	117.50	上涨	2
	5月28日	低点	110.50	下跌	5
	6月3日	高点	116.50	上涨	6
	6月10日	低点	110.50	下跌	7
	7月31日	高点	127.50	上涨	51
	8月16日	低点	120.50	下跌	16
	9月5日	高点	134.50	上涨	20
	9月13日	低点	127.50	下跌	8
	9月24日	高点	135.50	上涨	11

续表

年份	日期	点位性质	点位数值	涨跌	持续天数
1940	10 月 15 日	低点	129.50	下跌	19
	11 月 8 日	高点	138.50	上涨	24
	12 月 23 日	低点	127.50	下跌	45
1941	1 月 10 日	高点	134.50	上涨	18
	2 月 19 日	低点	117.25	下跌	40
	4 月 4 日	高点	125.50	上涨	44
	5 月 1 日	低点	114.50	下跌	27
	7 月 22 日	高点	131.50	上涨	82
	8 月 15 日	低点	124.50	下跌	24
	9 月 18 日	高点	130.25	上涨	34
	12 月 24 日	低点	105.50	下跌	97
1942	1 月 6 日	高点	114.50	上涨	13
	4 月 28 日	低点	92.69	下跌	112
	6 月 9 日	高点	106.50	上涨	42
	6 月 25 日	低点	102	下跌	17
	7 月 9 日	高点	109.50	上涨	14
	8 月 7 日	低点	104.40	下跌	29
	11 月 9 日	高点	118.50	上涨	94
	11 月 25 日	低点	113.50	下跌	16
1943	4 月 6 日	高点	137.50	上涨	132
	4 月 13 日	低点	129.75	下跌	7
	7 月 15 日	高点	146.50	上涨	93
	8 月 2 日	低点	133.50	下跌	18
	9 月 20 日	高点	142.50	上涨	49
	11 月 30 日	低点	128.50	下跌	71
1944	1 月 11 日	高点	138.50	上涨	42
	2 月 7 日	低点	134.25	下跌	27
	3 月 16 日	高点	141.50	上涨	38
	4 月 25 日	低点	134.75	下跌	40
	7 月 10 日	高点	150.50	上涨	76
	9 月 7 日	低点	142.50	下跌	59
	10 月 6 日	高点	149.50	上涨	29
	10 月 27 日	低点	145.50	下跌	21

续表

年份	日期	点位性质	点位数值	涨跌	持续天数
1944	12月16日	高点	153	上涨	50
	12月27日	低点	147.75	下跌	11
1945	3月6日	高点	162.25	上涨	69
	3月26日	低点	151.50	下跌	20
	5月31日	高点	169.50	上涨	66
	7月27日	低点	159.95	下跌	57
	11月8日	高点	192.75	上涨	104
	11月14日	低点	182.75	下跌	6
	12月10日	高点	196.50	上涨	26
	12月20日	低点	187.50	下跌	10
1946	2月4日	高点	207.50	上涨	46
	2月26日	低点	184.04	下跌	22
	4月18日	高点	209.50	上涨	51
	5月6日	低点	199.50	下跌	18
	5月29日	高点	213.36	上涨	23
	6月12日	低点	207.50	下跌	14
	6月17日	高点	211.50	上涨	5
	6月21日	低点	198.50	下跌	4
	7月1日	高点	208.50	上涨	10
	7月24日	低点	194.50	下跌	23
	8月14日	高点	205.25	上涨	21
	9月19日	低点	164.50	下跌	36
	9月26日	高点	176.50	上涨	7
	10月10日	低点	161.50	下跌	14
	10月16日	高点	177.25	上涨	6
	10月30日	低点	160.62	下跌	14
	11月6日	高点	175	上涨	7
	11月22日	低点	162.50	下跌	16
1947	1月7日	高点	179.50	上涨	46
	1月16日	低点	170.25	下跌	9
	2月10日	高点	184.50	上涨	25
	2月15日	低点	172	下跌	5
	3月28日	高点	179.50	上涨	41

续表

年份	日期	点位性质	点位数值	涨跌	持续天数
1947	4 月 15 日	低点	165.50	下跌	18
	5 月 5 日	高点	175.50	上涨	20
	5 月 19 日	低点	161.50	下跌	14
	7 月 14 日	高点	187.50	上涨	56
	9 月 9 日	低点	174.50	下跌	57
	10 月 20 日	高点	186	上涨	41
	11 月 6 日	低点	175.50	下跌	47
1948	1 月 5 日	高点	181.50	上涨	30
	2 月 11 日	低点	164.04	下跌	37
	6 月 14 日	高点	194.49	上涨	124
	7 月 19 日	低点	179.50	下跌	35
	7 月 28 日	高点	187	上涨	9
	8 月 11 日	低点	176.50	下跌	14
	9 月 7 日	高点	185.50	上涨	27
	9 月 27 日	低点	175.50	下跌	20
	10 月 26 日	高点	190.50	上涨	29
	11 月 30 日	低点	171.50	下跌	35
1949	1 月 7 日	高点	182.50	上涨	38
	1 月 17 日	低点	177.50	下跌	10
	1 月 24 日	高点	182.50	上涨	7
	2 月 25 日	低点	170.50	下跌	32
	3 月 30 日	高点	179.15	上涨	33
	4 月 22 日	低点	172.50	下跌	23
	5 月 5 日	高点	177.50	上涨	13
	6 月 14 日	低点	160.69	下跌	40

道·琼斯 30 种工业股平均指数的 3 日走势图

时间周期非常重要，突破顶部或者跌破前进行盘整的时间越长，则突破后行情持续的时间越长，单边走势的行情幅度也越大。

——**W. D. 江恩**

每个高手都有自己逐渐摸索出来的一套行情记录方法，J. L. 有自己的方法，江恩也有自己的方法，你呢？

——**魏强斌**

我将道·琼斯 30 种工业股指数作为趋势判断指标有两个原因：一是道氏理论非常完备；二是指数可以反映出大多数个股的趋势。

当然，一些个股的上涨或下跌的时间周期比指数更长或更短。一些个股比指数早几个月见底，而另外一些则比指数晚一些见底。但是，当市场达到最后的高点或低点时，在确定买卖的关键点位时，指数可以作为一个有效的参考。

铁路股指数在分析效力方面逐渐逊色了，因此显得过时，不再与工业股指数一致。公用事业股指数的分析效力较强，与工业股指数的相互验证效力显著。我个人的建议是关注和研究道·琼斯 30 种工业股指数的走势，同时追踪指数成分股的走势，并交易那些与指数趋势一致的个股。

在过去的若干年中，铁路股指数与工业股指数的波动节

道氏理论的伟大在于精简，它是完全从实践中总结出来的理论，没有太多玄学的东西。但是，要真正理解其精髓，离不开多年的实践，否则你会认为道氏理论大而无用。道氏理论的深入研习可以参考《道氏理论：顶级交易员深入解读》一书。

奏未能保持一致，因为在大多数情形下工业股指数比铁路股指数的波动幅度更大、更活跃。因此，如果我们拘泥于道氏理论，查看两个指数相互验证与否，这种做法是不明智的。你应该集中观察工业股指数，并且基于我给出的规则，从那些明显处于强势或弱势的个股中选择交易对象。

道·琼斯工业股指数并不是一种简单的平均，其成分股一直在变化。1897~1914 年，该指数是基于 12 只股票计算出来的。到了 1914 年 12 月，该指数的成分股增加到了 20 只。此后，该指数的成分股又增加到了 30 只。

虽然指数能够有效地给出趋势方面的信息，但是其中还包含了许多其他信息，如分红和拆股。但是，我个人更偏向于从实际购买成本的角度看待指数，也就是真正的指数代表的是在特定时刻购买 100 股 30 种成分股的实际成本，而不考虑分红和拆股。例如，1949 年 6 月 14 日，道·琼斯 30 种工业股的平均指数为 160.69。但按照我的观点，应该是购买这 30 种成分股的实际价格除以 30，得到的数字为 52.27。

1949 年 6 月 14 日，杜邦公司的股票分拆后标价出现了变化。6 月 28 日，如果按照通常的复权方法计算，杜邦股价的当日最低点为 164.65。如果不复权地按照现价来看，则当日最低点为 48.59。

如果按照道·琼斯指数编制方法，那么 6 月 28 日指数的点位为 164.65。但实际上在那个时刻，只有一只成分股的价格高于这个点位，也就是联合化工（Allied Chemical）的股价在 167.00 美元交易。股价第二高的成分股是美国电讯（American Telephone），成交价格为 139.00 美元。接下来的高价成分股为美国罐头（American Can），价位为 89.25 美元，以及国家钢铁（National Steel），价位为 75.00 美元。

其他成分股的价位远远低于上述，大部分在 20 美元左右交易，有些甚至低于 17 美元或者 18 美元。因此，指数的计算方法不能如实地体现整体走势，在上述情况中指数的走势远远好于真实的股市。当然，你还是可以利用道·琼斯 30 种

江恩一直纠结的这个问题在我看来意义不大，无非是成分股的权重不同。一般的股指都采取的是加权算法，也就是不同成分股在指数中的权重是不同的。江恩认为应该采取等权重算法。另外，江恩认为不应该考虑分红和拆股等除权问题，应该只看现在的价格。

指数行情，二八行情，今天 A 股经常看到的情况在江恩所处的华尔街时代也屡屡见到。通过拉升权重股来拉升指数，这种手法和做法并不是什么新鲜事。因此，对于指标我们一方面要利用其来观察整体市况；另一方面我们还要观察其内部的分化，特别是权重股是否与非权重股背离。所谓"维稳行情"往往与维护和拉升权重成分股有关，这种行情就会出现权重股与非权重股的背离走势。

工业股指数来判断大盘趋势的，因为大多数情况下它与实际大盘走势一致。

1. 3日及更长时间的波动

我在前面的章节中已经几次提到了在3日走势图上研究指数，因为这种图形记录了3日以及更长时间为单位的波动。如果市场的波动非常大，指数见到极端高点或极端低点时，而我们也希望在这种活跃市况中抓住转折点，那么就可以采用1日或2日走势图。

上述类型的走势图都是基于自然日。我来具体介绍一下规则，当指数跌破3日的低点时，通常表明将继续走低；当指数升破3日高点时，通常表明将继续走高。当然，你还要综合考虑其他规则，而且还要考虑市场上涨前的最后一个低点，或者是市场下跌前的最后一个高点，这些重要转折点位非常重要。

一个上涨市场的主要波段的低点会依次抬升；一个下跌市场的主要波段的高点会依次下降。当然，某些时候市场会在一个狭窄的区域内震荡，既没有突破前期高点也没有跌破前期低点。除非指数或个股突破或者跌破了这个区间，否则都不能认为趋势已经发生了改变。

时间周期非常重要，突破顶部或跌破前进行盘整的时间越长，则突破后行情持续的时间越长，单边走势的行情幅度也越大。

有一点是你需要一直关注的，那就是市场从极端低点上涨了多长时间，或者是从极端高点下跌了多长时间。在行情即将结束的阶段，上涨中的指数还是可以冲高一下的，下跌中的指数则还可能再创新低，但已经是强弩之末了，因为趋势的时间周期已经完结，节点已至。

"横有多长，竖有多高"。做盘整突破交易的成功率和报酬率都非常高，无论是股票市场，还是商品市场和外汇市场，莫不如此。

我们来看一些具体的实例，1938 年 3 月 31 日，道·琼斯 30 种工业股指数一度跌到了 97.50，此前在 1935 年 3 月 18 日，指数也跌到邻近点位，也就是 96.00。

1942 年 4 月 28 日，道·琼斯指数跌到了 92.62，相当于跌到了 1938 年的最低点之下，但是并未跌破 5 个点。这个点位同时跌到 1935 年的最低点之下，但是并未跌破 4 个点。我此前归纳出的规则指出，**除非突破前期高点 5 个点，或者跌破前期低点 5 个点，否则趋势不变。**

1942 年 4 月，大盘从 1937 年 3 月 10 日的极端高点持续下跌，时间跨度为 5 年，**这是一波持续时间很长的下跌。另外，跌破历史重要点位并未超过 5 个点，这是一个极好的买入点位。** 因为历史规律表明趋势反转的可能性非常高。从 3 日走势图上你也可以发现一些有意义的线索，1942 年 4 月 21 日见到高点 98.02，4 月 28 日见到低点 92.69，这是一波持续了 7 天的下跌，但跌幅不到 6 个点。

1942 年 5 月 11 日，指数涨到了 99.49。在 3 日走势图上，这比 4 月 21 日创造的最近一个高点还要高，因此表明指数还有更高的涨幅。接着，指数从 5 月 11 日的高点开始下跌，跌了 3 天，跌到了 96.39，跌幅为 3.30 个点。此后，一直到 1946 年 5 月 29 日，指数再也没有跌破上述低位。通过研究 3 日走势图，以及高低点的渐次走高或走低特征，你会发现时间周期和修正幅度的一些规律。

"持续时间很长"在"江恩词典"中意味着"时间节点即将来临"和"时间周期结束"。

每个高手都有自己逐渐摸索出来的一套行情记录方法，J. L. 有自己的方法，江恩也有自己的方法。"衣来伸手，饭来张口"在金融交易领域是行不通的。

2. 3 日走势图制作规则

3 日走势图并非是 3 日的走势绘制成的图，而是将 3 日走势作为绘制图的一个最小单位。

本书采用的主要市场数据是道·琼斯指数从 1912 年到 1949 年 7 月 19 日的 3 日走势图。

我来详细介绍一下 3 日走势图的绘制规则。当指数从一个低点连续 3 天上涨，形成了一个更高的高点和低点时，你

就要在第三天的高点上绘制一个点。倘若在接下来的两天中指数回调了 2 天，则没有必要在走势图上进行记录。不过，当市场突破最近一个绘制出来的高点时，你就要继续绘制新的高点，并且利用趋势线连接两点。此后，如果市场连续下跌 3 日，并且创出了新低，那么就要将趋势线延伸到这个低点，只要市场不断创新低，那么你就要持续画下去。

如果出现 2 日新高新低，你就没有必要绘制新的点和线。但是，如果指数突破甚至临近极端高点或极端低点时，也可以记录 2 日新高或新低，特别是在市场震荡走势持续时间较长的情况下。

如果市场已经涨了较长一段时间，出现了双顶或者三重顶，当指数在 3 日走势图上跌破了最近一个低点时，那么小趋势已经转而下跌了。相反情况下，如果市场此前持续下跌，当指数在 3 日走势图突破了最近一个高点时，那么小趋势转而上涨了。另外，在实践中你会发现如果能够将 3 日走势图与其他规则结合起来使用效果更好。

江恩的 3 日走势图与"新三价线"的思路类似，当然对于江恩 3 日走势图的确切规则有多种版本。我个人的看法是江恩的 3 日走势图，其实就是 3 日移动高点和低点的连线。如果今日出现三日来的最高点或最低点，那么就把这个点与此前的点连线。如果今日的走势并未创出三日新高或新低，那么就不绘制新的点和线。OX 图的思路与此类似，都是想要过滤掉市场的噪声波动。

3. 3 日走势图实例

1940 年 11 月 8 日，指数见到最高点 138.50，接着 3 日走势图显示趋势转而向下，高低点逐步下跌。

1941 年 4 月 23 日，5 月 1 日、16 日和 26 日，市场依次见到低点。当指数在 5 月 26 日形成第二个抬高的低点之后，买入的时机出现了，你可以将止损位放置在 5 月 1 日的最低点之下。当指数突破 5 月 21 日的高点时，3 日走势图表明趋势转而向上。

趋势指标最怕什么市况？江恩的 3 日走势图能够过滤掉一切震荡走势吗？

1941 年 7 月 22 日，市场见到高点 131.50，此后指数跌破了 3 日走势图的低点，并且在 1941 年 8 月 15 日见到低点 124.50。此后反弹展开，1941 年 9 月 18 日见到高点 130.25，

这比 7 月 22 日的高点要低一些，因此是一个潜在的卖点。

9 月 18 日之后，趋势转而向下，因为 8 月 15 日的低点被有效跌破了，指数处于下跌趋势中。在这段跌势中，指数仅在 1942 年 1 月 6 日突破了 3 日走势图的高点，具体而言是 1941 年 12 月 16 日的高点被突破了，但是只有 2 个点的幅度。从时间节律来讲，1942 年 1 月 6 日是最可能转势的日子，但是并未出现真正的转折迹象。此后，市场继续下跌到 1942 年 4 月 28 日的极端低点 92.69。回过头来看，从 1941 年 7 月 22 日开始已经跌了 38.31 个点，而 3 日走势图在这段下跌走势中一直发出做空信号。

从 1942 年 4 月 28 日的低点开始，市场的高点和低点都渐次抬升，这点与 1935 年和 1938 年构筑底部的情形类似，因此是潜在的买入机会。

1942 年 6 月，指数向上突破了 1942 年 4 月 7 日的高点 102.50，上升趋势赫然在目。上涨趋势中的高点和低点都越来越高，这期间达到了 1943 年 7 月 15 日的高点 146.5，但是并未有效突破。按照我前面介绍的规律，这是一个卖出或做空的机会。同时，3 日走势图显示趋势转而向下，指数一直跌到了 1943 年 11 月 30 日，见到低点 128.94。你仔细看就会发现 3 月 10 和 22 日的低点都在 128.50 附近，这使 129 点在 3 日走势图上成了一个明确的买入点位。

11 月 30 日之后，趋势拐头向上，低点渐次抬升。指数此后在 1946 年 2 月 4 日见到高点 207.50，但并未有效突破，因此这是一个潜在的做空点和卖点。随后出现的暴跌行情一直持续到了 1946 年 2 月 26 日，见到低点 184.04。请注意前一个低点出现在 1945 年 10 月 30 日和 11 月 14 日的 183 点附近，这使 184 点临近此前的低点，因此成了一个潜在的买入点。

从 1946 年 2 月底开始，大盘再度上涨，一直持续到 1946 年 5 月 29 日，见到这轮上涨最后的高点 213.25。基于我给出的规律，这是一个卖出点或者说做空点。

1946 年 6 月 12 日，市场见到低点 207.50，指数恰好站在

单边走势中，任何趋势指标都会有良好的表现。关键是如何对付那些"不给力的糟糕情形"，江恩主张从资金和仓位管理的角度入手。

江恩的方法是否有效，在今天完全可以编程来检验，无论是 3 日走势图还是 5 点过滤、20 点过滤等规则都是可以定量化的条件，因此完全可以进行验证。

了 1946 年 2 月 4 日的高点之上，这就奠定了下一波上涨的起点。

接着，指数在 6 月 17 日见到高点 208.50，与 2 月 4 日的高点 207.50 邻近，但是并未有效突破，因此是一个潜在的卖点。此后，下跌走势开始，指数跌破了 6 月 12 日的低点，这表明趋势向下，一直跌到了 1946 年 10 月 30 日的低点 160.69。在这波下跌趋势中，指数并未突破任何 3 日走势图的高点。基于 1945 年 7 月 27 日的低点，现在这个低点无论是从时间周期还是百分比点位的角度来看，都是一个潜在的买入点。

从 1946 年 10 月 30 日的市场低点开始，指数从未跌破 3 日走势图上的任何一个低点超过 3 个点。也就是说指数一直上涨，直到 1947 年 2 月 10 日，指数见到这轮涨势的最高点 184.50。这个点位靠近 1946 年 2 月 26 日的低点，因此是一个潜在的卖出点位或者说做空点位。

此后，指数再次下跌，而且每次反弹的高点都渐次降低，直到 1947 年 5 月 19 日见到的最低点 161.50，这个点位与 1946 年 10 月 30 日的低点 160.69 邻近，但是并未跌破，这表明市场的支撑非常强劲，目前的点位是一个良好的买入点位。紧接着，一轮上涨快速出现。一直涨到了 1947 年 7 月 14 日，见到高点 187.50。

然后，市场下跌，于几天后的 7 月 18 日见到低点 182.00。此后，指数反弹，于 7 月 25 日见到高点 187.50，与前期高点构成双顶，潜在卖出点或者说做空点出现。

果然，指数跌破了 7 月 18 日的低点，并且继续下挫，一直跌到 9 月 9 日和 9 月 26 日的低点 174.50，这个低点靠近 6 月 25 日的低点。市场构筑了双底形态，潜在买入点位出现。

1947 年 10 月 20 日，市场见到高点 186.50。这个点位比 1947 年 7 月 14 日和 25 日的高点都要低一些，显示出了抛压强大，所以这是一个潜在的卖点。此后，趋势转折，指数在 3 日走势图上的高点和低点都渐次降低。下跌持续到了 1948 年 2 月 11 日，市场跌到了 164.07。

历史的高点和低点、百分比点位以及正常波幅等因素是江恩空间转折点的主要参考系；周年日、波段通常持续时间、重要月间日等因素是江恩时间转折点的主要参考系。其中，月间日中的绝大部分日子与我国农历的二十四节气重叠或邻近。不过这些转折点大多数时候仅仅是修正起点或终点，并非趋势转折点。

最后，指数在 2 月 20 日和 3 月 17 日构筑了双底形态，潜在的买入点出现了。当指数向上突破了 3 月 3 日的高点时，上涨趋势得到确认，一个更加可靠的买入点出现了。

此后，市场快速上涨，一直涨到了 1948 年 6 月 14 日的高点 194.49。在这个上涨过程中，指数并未跌破任何 3 日走势图上的低点。你可以发现 6 月 14 日这个高点恰好是此前极端高点的 50% 百分比点位，同时这个点位还位于历史低点和高点附近，因此这是一个建立空头头寸或者了结多头头寸的点位。果然，此后市场转势下跌。

1948 年 8 月 11 日、8 月 21 日和 9 月 27 日，指数在 176.50 和 175.50 点之间构筑了三重底。当这个强大的底部形态出现时，一个良好的买入点就出现了。此后，指数迅速回升，直到 10 月 26 日见到高点 190.50。此后，市场回调，下跌一直持续到 10 月 29 日。接着，小幅反弹到 11 月 1 日，再度下跌，并且跌破了 10 月 29 日的低点，这表明趋势仍旧向下。当时美国总统大选刚结束，指数出现了快速的下跌。

1948 年 11 月 30 日，市场见到低点 170.50，与历史低点接近，支撑强劲，因此这是一个潜在的买入点位。此后，市场出现了一轮意料中的回升。

1949 年 1 月 7 日，见到高点 182.50。接着，市场回调。回调完成后，市场再度回升，一直涨到了 1 月 24 日，指数构筑了双顶形态。一个潜在的卖点出现了。按照我给出的规则，倘若指数不能突破 1 月 7 日和 24 日构筑的双顶高点，那么市场就会继续下跌。

1949 年 2 月 25 日，市场见到低点 170.50，指数与 1948 年 11 月 30 日的低点 170.50 遥相呼应，构筑了一个双重底部，一个潜在的买入机会出现。

1949 年 3 月 30 日，市场见到高点 179.15。指数在 9 点转向图上并没有达到 9 点的回升幅度，这表明市场仍旧处在弱势。3 月 30 日之后，市场趋势反转，在 3 日走势图上指数的高低点渐次降低。下跌一直持续到 6 月 14 日见到低点

> 三重底与头肩底，以及箱体等形态的区分含混不清。也许在技术分析的理论教科书上可以将这些形态刻画得非常清晰明确，但在实际的交易中它们往往容易混在一起。

160.62。这个点位与 1946 年 10 月 30 日的低点以及 1947 年 5 月 19 日的低点遥相呼应，构筑了一个三重底。你可以在三重底买入，并且设定好止损单，便于控制风险。

此后，指数回升，上涨一直持续到了 1949 年 7 月 19 日，涨幅为 174 个点。在这波涨势中，指数在 3 日走势图上并没有任何显著的回调，这期间仅出现过一日下跌。这些特征都表明市场处于强势之中，不过出现显著回调是必然的，所谓显著回调就是 3 日及以上的回调。此后，如果指数向上突破最近一个高点时，趋势反转的信号就出现了，指数将继续上涨。

> 三重底当中往往蕴含着 N 字底部或空头陷阱，因此有经验的交易者会基于 N 字底部或空头陷阱进行交易。

4.9 点转向图

我来介绍一下 "9 点转向图"。在绘制这种走势图时，如果市场持续创出新高，那么趋势线也会不断向上延伸，直到出现 9 点及更大幅度的下跌才会导致趋势线向下延伸。

如果市场持续创出新低，那么趋势线则会不断向下延伸，直到出现 9 点及更大幅度的上涨才会导致趋势线向上延伸，这就是 9 点转向图上的转向。

当然，并不是只有在市场运动达到或超过 9 个点的时候，我们才绘制新的点。如果市场在重要的顶部或底部附近，又或者是重要的强势改变形态出现，那么也可以记录小于 9 个点的运动。

绘制和研究这种类型的走势图后，你会发现市场的运动幅度常常表现为 9~10 个点。在下一个波幅为 18~20 个点，然后是 30 个点左右的波幅运动。更大幅度的高频率波幅为 45 个点左右，以及 50~52 个点。

通过记录和研究上述数据，你可以预判出市场的长期波动趋势，而这对于长期交易非常有帮助。目前的所得税法规

> 过滤掉那些低于阈值的波动，这是江恩 9 点转向图的关键思路。在外汇市场中，我也采用了类似的思路，当然也加上了百分比点位和斐波那契点位，具体参见《斐波那契高级交易法——外汇交易中的波浪理论和实践》（第二版）的第四章 "推动（调整）波浪交易法"。其中的推动浪是通过一个最小波幅阈值来定义的，这点与江恩的 9 点转向图类似。

> 江恩在写作本书时正处在一个观念上的转型期，因此很多时候提出的方法和论点并不能相互兼容。江恩这里希望大家持股至少在 6 个月以上，但是他给出的方法却并不能完全与此兼容。J.L. 等的陨落，与格雷厄姆等的兴起，让江恩感到与时俱进的重要性，但是他还并没有完全厘清投机与投资的关联与界限。

使长期持股的税赋更少，因此至少应该持股 6 个月。

5. 9 点及更多点数的波动

1912 年 10 月 8 日到 1949 年 6 月 14 日一共出现了 464 次 9 点及更多点数的波动，平均算下来每个月有一次 9 点转向运动。除此之外，还有大约 54 次波动的点数小于 9 个点。

下面，我对具体的统计分布做一些介绍。波幅在 9~21 点的市场运动一共有 271 次，占了总数的一半左右。

波幅在 21~31 点的市场运动一共有 61 次，占了总数的 1/4。

波幅在 31~51 点的市场运动一共有 36 次，占了总数的 1/8。

波幅大于 51 点的市场运动只有 6 次，并且都出现在 1929 年，由此可见当时的市场有多么狂热。

从上面的统计数据可以发现，大部分的市场波动幅度都在 9~21 个点，因此这些幅度对于把握趋势非常重要。

那些小于 9 个点的市场运动在我看来是次要的，如果指数或股价从低位回升，但是幅度并未超过 9 个点，那就表明市况较弱，趋势仍旧向下。同样的原理也适用于上涨情况，指数或股价从高位回调，但是幅度并未超过 9 个点，那就表明市况仍强，趋势仍旧向上。

在大多数情况下，如果趋势反转向上，指数已经上涨了超过 10 个点，那么按照上述统计规律，则继续上涨超过 20 个点的可能性就很大。同样的情况也出现在下跌趋势中，如果指数下跌超过 10 个点，那么下跌超过 20 个点的可能性就很大。

当指数的上涨或下跌幅度超过 21 个点的时候，下一个幅度目标就是 31 个点左右。但是，在市场反向运动 10 个点左

> 江恩习惯于研究和交易通常的波动，而真正的趋势交易者可能更倾向于从极端波动中获利。黑天鹅是趋势交易者的天赐良机，但是江恩将其作为极端异常值而被轻描淡写。江恩的思维偏重于"正态分布曲线"。

> 为什么涨到超过 10 个点之后，就有很大的可能性超过 20 个点？因为在大于 9 个点的波动中，有 50% 的波动大于 20 个点。另外，剩下的 50% 波动中还有一部分在 9~21 个点之间。

右之前，只有少数的波幅会一次性超过31个点这个坎。

6. 30点波动的实例

1938年3月15日，市场见到高点127.50；3月31日，市场见到低点97.50，指数下跌了30个点。

1938年9月28日，市场见到低点127.50；11月10日，市场见到高点158.75，指数上涨了31.25个点。

1939年9月1日，市场见到低点127.50，当天德国发动第二次世界大战；同年9月13日，见到年内高点157.50，指数上涨了30个点。

1946年2月4日，市场见到高点207.50；2月24日，市场见到低点184.04，指数下跌了24点左右。

1948年2月11日，市场见到低点164.04；6月14日，市场见到年内高点194.49，指数上涨了30.4个点。

1949年6月14日，市场见到低点160.62，相当于从1948年的年内高点194.49下跌了33.87个点。

从上面的数据你可以发现，市场波动区间常常为30个点左右，也就是说重要高点到重要低点，或重要低点到重要高点的幅度通常为30个点左右。在极端市场中，如1928年、1929年和1930年，指数的波幅显著大于30个点，因为当时的股价非常高，波动幅度也很大。这些异常市况极少出现，你不能总是按照异常市况来处理当下的走势。

【原著名言采撷】

1. My advice is to keep up the Dow–Jones 30 Industrial Averages and follow the trend of these stocks, and then watch individual stocks that conform to the same trend, and trade in

江恩的思路是很好的，但是如果你只是收集支持你论点的证据，那么什么也不能说明。30个点在这些波段中出现的概率是多少呢？如果低于30%，那么你坚持在每次分析的时候考虑30个点可能是转折点就是浪费精力而已。

不可为大众预期的异常值就是"黑天鹅"。江恩认为我们没有必要在分析的时候考虑黑天鹅，这种思想就是"正态分布"思维。你认为有没有效果呢？好的方面是什么？不足的方面是什么？

them.

2. An advancing market continues to make higher bottoms on the main swings.A declining market continues to make lower tops on the main swings.

3. Until the averages or an individual stock breaks out of trading range, you must not consider that the main trend has changed.

4. The time period is most important. The longer the time which has elapsed when a top is corssed, or a Bottom is broken, the greater the advance or decline should be.

第八章

顶部和底部在月份上的分布规律

当一轮牛市持续很长一段时间后，9月是一个重要的反转月份，你需要关注这个时间窗口。

——W. D. 江恩

不搞清楚季节性出现的原因，则我们永远不能确信以前的季节性能在多大程度上再现。

——魏强斌

股票的波动具有季节性，如一轮牛市的最后高点会出现在某些特定的月份，又如在一波上涨的重要运动或次级运动中，其最后高点也呈现出季节性规律。因此，回顾行情走势的历史记录是非常重要的。

1. 高点（顶部）的月份分布规律

1881~1949 年，一共有 35 轮行情，这期间出现的高点（顶部）如表 8-1 所示。如果对这些数据进行统计，可以得到高点（顶部）在每个月的出现频率数据（见表 8-2）。

表 8-1 高点（顶部）的历史数据

1881 年 1 月和 6 月	1929 年 9 月
1886 年 12 月	1930 年 4 月
1887 年 4 月	1931 年 7 月
1890 年 5 月	1932 年 9 月
1892 年 3 月	1933 年 7 月
1895 年 9 月	1934 年 2 月
1897 年 9 月	1937 年 3 月
1899 年 4 月和 9 月	1938 年 1 月和 11 月
1901 年 4 月和 6 月	1939 年 9 月
1906 年 1 月	1940 年 11 月
1909 年 10 月	1941 年 7 月和 9 月
1911 年 2 月和 6 月	1943 年 7 月
1912 年 10 月	1946 年 5 月
1914 年 3 月	1947 年 2 月、7 月和 10 月
1915 年 12 月	1948 年 6 月
1916 年 11 月	1949 年 1 月
1918 年 10 月	
1919 年 11 月	
1923 年 3 月	

表 8-2 高点的月份分布规律（1881~1949 年）

月份	高点出现次数
1	4
2	4
3	4
4	4
5	2
6	4
7	4
8	0
9	8
10	4
11	4
12	2

从表 8-2 的统计数据中你可以发现，在 35 轮牛市行情中，指数有 8 次在 9 月见顶。所以，当一轮牛市持续很长一段时间后，**9 月是一个重要的反转月份**，你需要关注这个时间窗口。另外，在 1 月、2 月、3 月、4 月、6 月、7 月、10 月和 11 月，指数都各有 4 次见顶。剩下的 5 月和 12 月，各有 2 次出现顶部或者说高点。但是，上述牛市中，没有一次在 8 月见顶。上述统计数据清楚地向你表明一轮规模不等的牛市在各个月份见顶的概率。

不搞清楚季节性出现的原因，则我们永远不能确信以前的季节性能在多大程度上再现。江恩对历史数据进行了统计，但是谁又能保证历史重演呢？只有掌握了原因，才能有信心预言将来的走势。

2. 低点（底部）的月份分布规律

熊市的底部或者说主要下跌走势的最后低点在某些月份出现的概率更高，而在另外一些月份出现的概率则更低。首先，我们来看历史上主要低点（底部）的出现月份（见表 8-3）。这些数据非常重要，你必须仔细研究它们。表 8-3 中的数据涉及 35 轮熊市或者说主要下跌运动，对这些数据进行统计，我们得到了表 8-4，从中你可以发现 **6 轮熊市在 11 月结束，5 轮在 7 月结束**。因此，当股市持续下跌之后，你可以预判指数将在 7 月或 11 月筑底。比这两个月概率低一些的是 4 月、6 月和 12 月，这几个月都是你需要注意的可能成为低点的月份。3 月出现过 2 次底部，因此如果市场持续下跌一段时间，那么 4 月比 3 月更有可能成为底部。

A 股 2005 年和 2015 年分别是在几月见到大底的？

表 8-3 低点（底部）的历史数据

1884 年 6 月	1900 年 9 月
1888 年 4 月	1901 年 1 月
1890 年 12 月	1903 年 11 月
1893 年 7 月	1907 年 11 月
1896 年 8 月	1910 年 7 月
1898 年 3 月	1911 年 7 月

续表

1913 年 6 月	1937 年 11 月
1914 年 12 月	1938 年 3 月
1916 年 4 月	1939 年 4 月
1917 年 12 月	1940 年 5 月和 6 月
1919 年 2 月	1941 年 5 月
1921 年 8 月	1942 年 4 月
1923 年 10 月	1943 年 11 月
1929 年 11 月	1946 年 10 月
1930 年 12 月	1947 年 5 月
1932 年 7 月	1948 年 7 月和 11 月
1933 年 2 月和 10 月	1949 年 6 月
1934 年 7 月	

在 35 轮熊市中，1 月和 9 月只出现过一次底部，因此这两个月对于预判熊市的终点并不重要。当然，你还可以在个股上运用相同的思路，正如我在这里研究工业股指数和公用事业股指数一样。

表 8-4　低点的月份分布规律（1884~1949 年）

月份	低点出现次数
1	1
2	3
3	2
4	4
5	3
6	4
7	5
8	2
9	1
10	3
11	6
12	4

3. 年内高低点的月度分布数据

记录一年之中出现的年度高点和低点非常重要，如表 8-5 所示，其中我们给出了高点和低点的对应月份。其中，1896 年后的数据我们给出了更加详细的日期。

表 8-5 年内高低点分布数据

年份	高点出现日期	低点出现日期
1881	2 月和 5 月	2 月、9 月和 12 月
1882	9 月	1 月和 11 月
1883	4 月	2 月和 10 月
1884	2 月	6 月和 12 月
1885	11 月	1 月
1886	2 月和 12 月	5 月
1887	5 月	10 月
1888	10 月	4 月
1889	9 月	3 月
1890	5 月	12 月
1891	1 月和 9 月	7 月
1892	3 月	12 月
1893	1 月 极端低点	7 月 26 日
1894	4 月和 8 月	11 月
1895	9 月	12 月
1896	4 月 17 日	8 月 8 日
1897	9 月 10 日	4 月 19 日
1898	8 月 26 日和 12 月 17 日	3 月 25 日
1899	4 月 4 日和 9 月 2 日	6 月 25 日、9 月 24 日和 12 月 18 日
1900	12 月 27 日	12 月 24 日
1901	6 月 3 日	
1902	4 月 18 日和 9 月 19 日	12 月 15 日
1903	2 月 16 日	11 月 9 日
1904	12 月 5 日	2 月 9 日

续表

年份	高点出现日期	低点出现日期
1905	12 月 19 日	1 月 25 日
1906	1 月 19 日	7 月 13 日
1907	1 月 7 日	11 月 15 日
1908	11 月 13 日	2 月 13 日
1909	10 月 2 日	2 月 23 日
1910	1 月 22 日	7 月 26 日
1911	2 月 4 日和 6 月 14 日	9 月 25 日
1912	9 月 30 日	1 月 2 日
1913	1 月 9 日	6 月 21 日
1914	3 月 20 日	12 月 24 日
1915	12 月 27 日	1 月 24 日
1916	11 月 25 日	4 月 22 日
1917	1 月 2 日	12 月 19 日
1918	10 月 18 日	1 月 15 日
1919	11 月 3 日	2 月 8 日
1920	1 月 3 日	12 月 21 日
1921	5 月 5 日	8 月 24 日
1922	1 月 5 日	10 月 14 日
1923	3 月 20 日	10 月 27 日
1924	11 月 18 日	5 月 13 日
1925	11 月 6 日	3 月 6 日
1926	8 月 14 日	3 月 30 日
1927	12 月 20 日	1 月 25 日
1928	12 月 31 日	2 月 20 日
1929	9 月 3 日	11 月 13 日
1930	4 月 16 日	12 月 17 日
1931	2 月 24 日	10 月 5 日
1832	3 月 9 日	7 月 8 日
1933	7 月 18 日	2 月 27 日和 10 月 21 日
1934	2 月 5 日	7 月 26 日
1935	11 月 8 日	3 月 18 日
1936	12 月 15 日	4 月 30 日
1937	3 月 10 日	11 月 23 日

年份	高点出现日期	低点出现日期
1938	11 月 10 日	3 月 31 日
1939	9 月 13 日	4 月 11 日
1940	1 月 3 日	6 月 10 日
1941	1 月 3 日	12 月 24 日
1942	12 月 28 日	4 月 28 日
1943	7 月 15 日	1 月 7 日
1944	12 月 16 日	2 尹 7 日
1945	12 月 10 日	1 月 24 日
1946	5 月 29 日	10 月 30 日
1947	7 月 25 日	5 月 19 日
1948	6 月 14 日	2 月 11 日
1949	1 月 7 日	6 月 14 日

4. 年内高点的月度分布规律

从上述数据中，我们可以总结出一些年内高点的月度分布规律（见表 8-6）。从表中数据可以看出，1 月出现 14 次年内高点，12 月出现过 13 次年内高点。在市场持续上涨之后，在 1 月或 12 月出现高点的可能性很大。紧随其后的是 9 月，出现过 10 次年内高点，这是指数持续上涨之后需要注意的第三个重要月份。

表 8-6　年内高点的月度分布规律（1881~1949 年）

月份	69 年中高点出现次数
1	14
2	5
3	5
4	6
5	5
6	3
7	3
8	3

续表

月份	69 年中高点出现次数
9	10
10	3
11	8
12	13

11 月出现过 8 次年内高点，4 月出现过 6 次年内高点，3 月和 5 月各出现过 5 次年内高点。6 月、7 月、8 月和 10 月各出现过 3 次年内高点。后面这些月份出现年内高点的频率不高，因此不需重视。

5. 年内低点的月度分布规律

A 股有一句口头禅"年初建仓，十年不败"，在我入行之初就听过这句话，到现在基本上还是有效的。江恩认为 12 月和 2 月股市容易见到年内低点，与 A 股的情形类似。

我们再来看一下年内低点的月度出现频率（见表 8-7）。统计数据显示，**年内低点出现次数居首位的是 12 月，其次是 2 月**。因此，对于想要抄底的交易者而言，12 月和 2 月是最需要关注的月份。其次是 1 月有 9 次年内低点出现，10 月有 7 次年内低点出现，3 月、7 月和 11 月分别出现过 6 次年内低点。5 月出现过 3 次年内低点，8 月和 9 月分别出现过 2 次年内低点。后面这些月份出现年内低点的频率很低，因此可以忽略。

表 8-7　年内低点的月度分布规律（1881~1949 年）

月份	69 年中低点出现次数
1	9
2	10
3	6
4	4
5	3
6	5
7	6
8	2

续表

月份	69 年中低点出现次数
9	2
10	7
11	6
12	13

如果将年内低点和高点放到一起来统计，就会发现过去的 69 年中，9 月、1 月和 2 月出现高点和低点的次数最多。换言之，如果市场持续上涨或下跌一段较长的时间，那么你就要留意市场在上述 3 个月份会出现反转。除了研究历史上高低点出现的月份之外，你还应该研究高点和低点出现的准确日期，这样你就可以做出更加准确的判断。

24 节气所处的日期确实会有更高的概率成为反转点，无论是 A 股还是外汇市场都有类似的情形。

【深入解读和实践指南】8-1 A 股的季节性规律

A 股有"年初建仓，十年不败"的口头禅，如果从统计数据来看，年初确实是一个较好的买入时机（见图 8-1）。从统计数据来看，从 1~4 月，A 股上涨概率都较大，

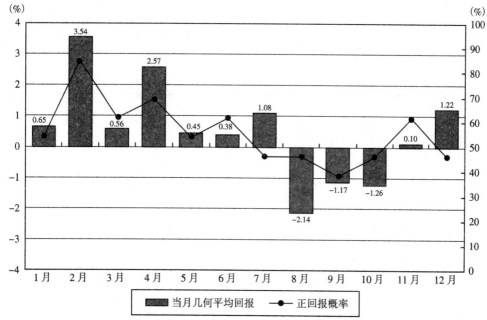

图 8-1 上证指数月度回报（左轴）和正回报概率（右轴）
注：统计周期为 1999 年 5 月至 2012 年 5 月。

同时平均涨幅也比较大。8~10 月则有较高的概率下跌。**4 月离场，1 月进场，**这就是 A
股季节性规律的一种通常诠释！

6. 道·琼斯 30 种工业股指数的波段持续时间

从 1912 年 10 月 8 日到 1949 年 6 月 14 日的道·琼斯工业股指数出现了 292 次相对
而言幅度较大的快速上涨或者下跌，我对它们进行了统计（见表 8-8）。从中可以发现，
11~35 天这个时间范围内，囊括了 130 次主要波动，占比超过了 1/3。因此，市场的波
动最有可能在这个时间范围内结束。这里给出的有关时间周期的数据结合其他规则可
以帮助你更好地判断趋势的转折。

表 8-8　波幅持续时间的频率分布

序号	波幅持续时间	出现次数	占比
1	3~11 天	41	1：7
2	11~21 天	65	1：4.5
3	22~35 天	65	1：4.5
4	36~45 天	31	1：9.5
5	43~60 天	33	1：9
6	61~95 天	20	1：14.5
7	96~112 天	13	1：22.5
8	超过 112 天	12	1：22

【原著名言采撷】

1. September is one of the most important months to watch for a top when a bull market
has been running for a long period of time.

2. It is important to have a record of when extreme high and low prices are reached in
each calendar year.

6月低点投射出未来高低点

我撰写这本书的目的在于给你提供一些有价值的新东西，这些新东西是关于时间周期的。

——W. D. 江恩

江恩的重点在于强调9月和7月的重要性。

——魏强斌

1949年6月14日，道·琼斯30种工业股指数跌到了160.62这个点位，到我写作本书时，该指数已经在1949年7月19日涨到了175.00。我们可以假定1949年6月14日是一个极端低点，同时也是新一轮牛市的起点，那么通过研究历史上那些6月出现的极端低点就可以明了现在的情况了，进而可以帮助我们预判市场的未来。

下面，我就从历史上较早的6月低点开始回顾其表现。1913年6月11日，市场见到低点72.11，同年9月13日，市场见到高点83.43，这波涨势耗时3个月。

1914年3月20日，市场见到高点83.49，这与1913年9月13日的高点几乎一致，构筑了一个双顶形态。从这个角度看，则可以将1913年6月11日开始的这轮涨势延伸到1914年3月20日，持续时间则延长到了9个月。

指数从1914年3月这个高点开始转而向下，到了6月的

为什么江恩会选在6月低点来预判行情走势？6月底究竟是怎样的一个股市历法基点？

时候，指数已经跌至 81.84，仅比上面提到的双顶形态低一点。然后，市场继续从这个点位下跌，最后在 1914 年 12 月形成恐慌性暴跌，此时指数已经大幅下跌到了 53.17 这个点位。

1921 年 6 月 20 日，市场见到低点 66.00，从此后的角度来看，这形成了熊市的第一个底部。同年 8 月 24 日，市场见到低点 64.00，熊市最后的大底部形成了，一轮新的牛市就此展开。

1923 年 3 月 20 日，市场见到高点 105.25。此前，市场涨了 41 个点，上涨持续时间为 21 个月。可以将这波涨势看作牛市第一波的最后阶段，而整个行情最终发展成了在 1929 年达到最狂热的大牛市。

1930 年 6 月 25 日，市场见到低点 208.00。这个点位应该算是熊市第一年的低点，而且熊市刚开始，新一轮牛市还未展开。

反弹是次级回调走势，与主要运动的区别是什么？从技术上而言，一波走势是主要运动还是次级折返，主要是与前一波走势的幅度进行比较。如果与前一波走势相比幅度更大，则一般认为是主要运动，属于趋势的体现；如果与前一波走势相比幅度更小，则一般认为是次级折返，与趋势的方向相反。技术是有局限的，因此在一些不规则的震荡走势中，上述判断条件就失效了。

1930 年 9 月 10 日，市场见到高点 247.00。此前，指数上涨了 39 个点，涨势持续时间为 77 天。但我认为这仅是一次熊市中的反弹而已。

1937 年 6 月 14 日，市场见到低点 163.75。同年 8 月 14 日，市场见到高点 190.50。此前指数在 61 天内涨了 36.75 个点。我认为牛市在同年 3 月就已经结束了，因此这仅算得上是下跌趋势中的显著反弹而已。

1940 年 6 月 10 日，市场见到低点 110.50。同年 11 月 8 日，市场见到高点 138.50。此前，指数在 147 天内涨了 28 个点，这是一轮熊市的反弹而已。

此后，到 1949 年 6 月 14 日之前，历年 6 月再也没有出现过重要的低点。

在研习上述各个 6 月低点的时候，你要重点分析 1921 年 6 月形成的低点，这个低点是一波长达 20 个月熊市的底部。以 1949 年 6 月 14 日作为起点，加上 1921~1923 年的时间长度，你就可以得到下一轮牛市的起点，大概是在 1951 年 3 月

14 日。

假设熊市从 1949 年 6 月 14 日开始反弹，那么根据时间周期，则反弹可能会在同年 8 月 14 日或是 8 月 31 日，又或者是 12 月 27 日结束，当然也可能在 1950 年 4 月或 6 月结束。

1945 年 7 月 27 日的低点与 1949 年 7 月 27 日的关键点位间隔 48 个月。

1949 年 8 月 27 日的点位与 1945 年 7 月 27 日的关键点位间隔 49 个月。这个时间周期与 1938~1942 年的低点周期，以及 1942 年 4 月到 1946 年 5 月的高点周期相同。

1949 年 7 月 27 日是趋势转折的重要日期，如果趋势就此向上，或者在不久之后向上，那么指数就会持续上涨。

1938 年 11 月 10 日，市场见到高点 158.75。间隔 42 个月后，也就是 1942 年 4 月 28 日，指数见到底部。1945 年，指数向上突破了 158.75，此前市场已经在这个点位下方运行了 6 年 3 个月。截至写作本书时的 1949 年 7 月，指数已经在 158.75 之上运行了 50 个月，如果现在指数有效跌破 160.00，则意味着大幅下跌的开端，因为关键的支撑位置被跌破了。

如果综合考虑指数此前曾在 1946 年 5 月 29 日达到高点，而目前又在 53 个点的区间内震荡了长达 37 个月，同时并未跌破耗时 5 个月的下跌后于 1946 年 10 月 30 日见到的低点。那么，倘若指数就此向上突破，涨势很可能持续非常长的时间，并且不断创出新高。

市场在长期支撑点位附近的表现体现了趋势的维持或变化。大家可以看看 2005 年上证指数在 1000 点附近的表现。

还是那句老话，"横有多长，竖有多高"！

1. 周年日（Anniversary Dates）

我撰写这本书的目的在于给你提供一些有价值的新东西，这些新东西是关于时间周期的。它能够帮助你预判未来的高低点。倘若你认真地下功夫研究这些知识，那么必将从中

获益。

在研究中，我发现那些历史上曾经出现过高点或低点的月份也会在未来成为股价的转折日期。我将这些反复出现的转折日期定义为"周年日"，而你的任务则是在每一年都留意这些重要日期可能出现的趋势转折迹象。

我在下面先给出一些具体的实例。

1929 年 9 月 3 日，指数见到了历史性高点。

1932 年 7 月 8 日，指数见到了 1897 年以来的历史性低点。

上述两个日期极其重要，你继续看下面的一些历史数据就会明白为什么它们如此重要了。

1930 年 9 月 30 日，指数见到大幅下跌前最后一个高点。

1931 年 8 月 29 日，暴跌行情启动，与上述重要周年日 9 月 3 日仅相差 5 天。

1932 年 7 月 8 日，市场见到历史低点。

1932 年 9 月 8 日，市场见到重要高点。

1933 年 7 月 18 日，指数见到了年内高点。

1933 年 9 月 18 日，市场见到反弹的高点，然后重回跌势。

1934 年 7 月 26 日，市场见到年内低点。

1934 年 9 月 17 日，指数见到底部。

1935 年 7 月 21 日，市场持续上涨并创出新高，这期间回调到 8 月 2 日后恢复涨势。

1935 年 9 月 11 日，市场见到当年高点。指数此后下跌，在 10 月 3 日企稳后恢复上涨，进而突破了 9 月 11 日的高点，然后继续上涨。

1936 年 7 月 28 日，市场见到当年高点，稍作调整后继续上攻。

1936 年 9 月 8 日，市场见到高点，然后回调到 9 月 17 日，此后继续上涨。

1937 年 7 月，并未出现重要的高点和低点。

> 江恩的重点在于强调 9 月和 7 月的重要性。

1937 年 9 月 15 日，市场见到顶部。

1938 年 7 月 25 日，市场见到大幅回落前的高点。

1938 年 9 月 28 日，市场见到底部。此后，新一轮大涨展开。

1939 年 7 月 25 日，市场见到高点。此后，市场出现回调，并在 9 月 1 日见到低点。

同年 9 月 13 日，市场在上涨 30 点之后见到高点。

1940 年 7 月 3 日，市场见到低点。此后展开一波 20 点的上涨。

同年 9 月 13 日，市场见到低点，然后展开一波升势，在 11 月 8 日见到高点。

1941 年 7 月 22 日，市场见到熊市最后一波反弹的高点。

同年 9 月 18 日，市场见到暴跌前的一个高点。

1942 年 7 月 9 日和 16 日，形成回落前的双顶。

同年 9 月 11 日，市场见到底部，此后展开一轮上涨。

1943 年 7 月 15 日，市场见到高点，接着迎来一波幅度为 13 个点的跌势。同年 9 月 20 日，见到高点。此后，市场下跌，并且在 11 月 30 日见到低点止跌。

1944 年 7 月 10 日，市场见到高点，此后下跌到 9 月 7 日。

同年 9 月，市场见到底部。

1945 年 7 月 27 日，市场见到低点 159.95。截至我撰写本书为止，指数尚未跌破这个关键点位。

> 其实，这个关键点位在江恩看来应该是 160.00。

1945 年 9 月 17 日，指数见到低点。此后，市场大涨。

1946 年 7 月 1 日，指数见到顶部。

在一波小反弹之后，1946 年 9 月 6 日，市场见到高点，然后指数一路跌到 10 月 30 日。

1947 年 7 月 25 日，指数见到高点，然后一路下行。在同年 9 月 9 日和 26 日形成一个小双顶，然后上行到 10 月 20 日见到高点。

> 江恩给出无数的高低点日期，怎么才能从中汲取营养呢？如果只是一目十行地扫下去，你不会有什么收获。一个有意义的做法是把这些日期标注出来，然后画出分布图，这样就可以直观地看到一年中最容易出现高低点的日期区域。

1948 年 7 月 12 日，市场见到高点。此后一路下行到 9 月 27 日见到低点。

站在写作本书的时点上展望未来，你应该关注 1949 年 7 月 8 日、15 日、25 日和 28 日，9 月 2~10 日，9 月 15 日，9 月 20~28 日这些日期。因为市场可能在这些日期出现转折点，这些是重要的日期。

作为一个交易者，你应该留意上述周年日，以及一些尚未提及的高低点出现的日期，如 1937 年 3 月 8 日、1938 年 3 月 31 日、1942 年 4 月 28 日、1946 年 3 月 29 日等。如果你真正下功夫去琢磨时间周期，与此同时遵循其他规则，那么你就会发现时间周期这个工具可以极大地提高你研判走势的效力，非常有价值。

2. 重要的新闻事件

将重要事件标注在行情走势图上，你对趋势和波动会更有感觉，判断也会更准，这是我的经验之谈。你去实践了就会知道，至于其中的种种理由可以写出一大篇长文来。

重要新闻事件，如开战、战争结束、总统选举和就任等，都会对市场产生立竿见影的影响。对于一个交易者而言，当新闻发布时你要考虑指数和个股正处在什么样的趋势中，这一新闻会对市场产生什么样的冲击，市场会如何消化它。

我给出一些具体的实例，大家来思考一下：

1914 年 7 月 30 日，第一次世界大战爆发，当时的指数点位为 71.43。到了 12 月 24 日时，指数已经跌到了 53.17。

1915 年 4 月 30 日，指数见到高点 71.78，指数重新涨到了战争爆发时的点位附近。接着，指数开始回调，在 5 月 14 日见到低点 60.38。

一个月后的 6 月 22 日，指数重新涨到 71.90，然后又开始回落修正，在 7 月 9 日见到低点 67.88。接着，指数重新上涨，并且突破了开战时的点位，持续创出新的高点。

1918 年 11 月 11 日，第一次世界大战结束，此刻的指数在 11 月 9 日见到高点 88.08。这一点位直到 1919 年 3 月才第一次被突破，同年 11 月 3 日，创出了 119.62 的新高点。

　　第二次世界大战开始的日期为 1939 年 9 月 1 日，市场见到低点 127.51，此后市场上涨。根据我的规则，潜在阻力区域在 127.00~130.00。原因之一是此前的 1939 年 8 月 24 日，市场见到高点 128.60。到了 9 月 13 日，市场见到高点 157.77。

　　后续市场的发展中，127.00~130.00 这一区域仍旧在发挥阻力或支撑的作用。1940 年 8 月 12 日，市场见到高点 127.55；同年 9 月 13 日，市场见到低点 127.32；同年 12 月 23 日，市场见到低点 127.83。

　　1941 年 7 月 27 日，市场见到低点 126.75；同年 9 月 30 日，市场见到高点 127.31。

　　1943 年 2 月 2 日，市场见到低点 126.38；同年 3 月 22 日，市场见到低点 128.67；同年 4 月 13 日，市场见到低点 129.79；此后不久的 4 月 30 日，市场见到低点 128.94。在此之后，市场大涨。

　　指数在上述区域频繁出现高点和低点的原因是什么呢？理由是这一区域存在重要的百分比点位。我来详细解释一下：

　　1896 年的低点 28.50，加上 350%，得到 128.25。

　　1921 年的低点 64.00，加上 100%，得到 128.00。

　　1929 年的高点 386.10，1/3 点位为 128.70。

　　1929 年高点 386.10 到 1932 年低点 40.56 的 1/4，加上 40.56，得到 126.70。

　　1932 年低点 40.56 到 1946 年高点 213.36，这个区域的 1/2 加上 40.56，得到 126.96。

　　1937 年的高点为 195.59，其 2/3 为 130.32。

　　1937 年高点 195.59 到 1938 年低点 97，这个区域的 1/3 再加上 97.46，得到 130.17。

　　1942 年低点 92.69 到 1937 年高点 195.59，这个区域的 3/8 加上 92.69，得到 130.40。

　　从上述数据可以发现，有 8 个重要百分比点位在这个区域，因此市场在此 11 次见高点或低点。上述实例表明，从历史性高点或者低点算出百分比点位是非常重要的。

　　这是一个非常典型的长期横盘形态。很多商品期货交易老手特别喜欢交易这种形态，因为胜算率和风险报酬率都很高。

　　"1929 年高点 386.10 到 1932 年低点 40.56 的 1/4，加上 40.56，得到 126.70。"其实这就是我们常用的百分比分割法，这里是将前一下跌波段作为单位 1，而这里得到的点位其实就是 25%反弹点位。

　　其实，测算出 0.618 和 0.382 两个百分比点位即可，理由留给大家琢磨一番。

3. 历史上的关键点位（1）：193.00~196.00

1929 年 11 月 13 日，市场见到低点 195.35。

1931 年 2 月 24 日，市场见到高点 196.96。

1937 年 3 月 10 日，市场见到高点 195.59。

1948 年 6 月 14 日，市场见到高点 194.49。

上述四个重要的高低点之所以出现在同一区域，原因如下：

1929 年高点 386.10 的 50%点位是 193.05，这是一个极其关键的点位。

1921 年低点为 64.00，加上 200%得到 192.00。

1930 年 4 月 16 日高点 297.25 到 1942 年低点 92.69 的 50%点位为 194.97。

1932 年低点为 40.56，加上 375%得到 192.66。

1945 年 7 月 27 日低点 159.95 与 1946 年 5 月 29 日高点 213.36 差值的 2/3 加上 159.95，得到 195.56。

1939 年 9 月 1 日低点为 127.51，加上 50%，得到了 191.26。

上述低点 127.51 到 1942 年低点 92.69 的差值的 200%加上 127.51，就得到了 197.15。

1945 年 3 月 26 日见到低点 151.74，这是指数屡创新高之前的最后一个低点。

1/3 与 38.3%接近，2/3 与 61.8%接近。

截至写作本书时的 1949 年 7 月，指数的最后高点为 213.36。

这个区域一共有 8 个重要的关键点位，这就是指数会在这里出现 3 次重要高点和 1 次重要低点的原因。如果目前的牛市持续到 1949 年甚至 1950 年，并且突破 196.00，那么这就是指数继续走高的信号，而现在这个区域则会成为重要的支撑点位。

4. 1941 年 12 月 7 日，对日作战的开端

1941 年 12 月 6 日，道·琼斯工业股指数的日内低点为 115.74，收盘点位为 116.60。12 月 7 日是星期天，日本偷袭了珍珠港。

12 月 8 日，指数见到高点 115.46，此后一路下跌，跌到 1942 年 4 月 28 日，见到极端低点 92.69。由此看来，12 月 8 日的高点是一个非常关键的点位。如果此后指数能够向上突破这一点位，那么市场就会大涨。

1943 年 10 月 13 日，市场见到高点 115.50，这个点位与 1941 年 12 月 6 日的低点以及 12 月 8 日的高点邻近。

1943 年 10 月 28 日，市场见到低点 112.57，指数在 15 天内仅回调了 3 个点，这表明市场处于强劲的状态。

1943 年 11 月 9 日，市场见到高点 118.18。此时，指数已经突破了 1941 年 12 月 8 日的高点，继续走高的态势明显。

此后，市场下跌，于 12 月 24 日见到低点 113.46，指数在 45 天内仅下跌了不到 5 个点。**这个点位比起战争爆发前一日的日内低点低了不到 3 个点**，这表明市场的支撑力度十足。这些征兆表明市场会继续上涨，上升趋势不变，指数在 1945 年 2 月突破了 1939 年 9 月 1 日德国发动"二战"时的点位，见到了 127.51。

> 不要忘了"5 点跌破有效原则"。

1945 年 5 月 6 日，德国宣布投降，指数继续上涨。6 月 26 日，指数见到高点 169.15，这个点位比 1938 年的最高点还要高 10 个点，并且突破了 158.00~163.00 的阻力区域，这是一个指数即将大涨的显著信号。

1945 年 7 月 27 日，市场见到低点 159.95。此前，指数在 31 天下跌了不到 10 个点。此前的强阻力区域现在已经变成了强支撑区域，市场处于强势之中，继续上涨是大概率事件。

> 158.00~163.00 区域被突破后已经成了支撑区域。什么技术行为表明其被有效突破？什么技术行为表明其转变成了支撑区域？

1945 年 8 月 14 日，日本战败投降。此前，指数在 8 月 9 日见到底部 161.14。这个点位连同 7 月 27 日的 159.95 构成了重要的关键区域。因为这两个点位出现在战争结束之时，并且在 1938 年的高点之上。这个区域的支撑力度很强，市场三次下跌都未能有效跌破 160.00。

不懂百分比点位，不可言技术分析！

上述例子表明了**基于历史高点和低点计算出百分比关键点位的重要性和巨大价值，因为这一工具可以帮助你预判未来的顶部或者底部会出现在什么点位。**

将我给出的规则与 3 日走势图以及 9 点转向图结合起来使用，可以帮助你判断潜在的买卖点位和转折日期。这些规则和方法不仅适合于指数，也适合于个股。

5. 历史上的关键点位（2）：158.00~163.00

江恩与 J. L.，还有威科夫他们都是数据分析狂人，从行情走势中总结规律，或许这就是从实践中来，到实践中去吧。

通过记录行情的高点和低点，我们可以得到一些有价值的启示，如下面的一些数据：

1937 年 6 月 14 日，指数见到低点 163.73。

1938 年 11 月 10 日，指数见到高点 158.90。

1939 年 9 月 13 日，指数见到高点 157.77。

1945 年 3 月 6 日，指数见到高点 162.22。

1945 年 7 月 27 日，指数见到低点 159.95。

1947 年 5 月 19 日，指数见到低点 161.38。

1949 年 6 月 14 日，指数见到低点 160.62。

上述数据一共有 4 个历史性低点和 3 个历史性高点，这 7 个点位都非常靠近，可以说处在同一区域。1946~1949 年出现的最为重要的三个底部都在这一区域。这一区域存在强大的支撑，市场屡屡在此回升。为什么上述区域具有如此神奇的效应呢？我用数学计算来解答市场顶部和底部频繁现身此区域的原因。

1896 年低点 28.50 到 1929 年高点 386.10 之差的 3/8 加上 28.50，得到 162.60。

1921 年低点 64.00 加上 150%，得到 160.00。

1932 年低点 40.56 到 1937 年高点 196.59 之差的 3/4 加上 40.56，得到 156.84。

1932 年低点 40.56 加上 300%，得到 162.24。

1932 年 9 月 8 日高点 81.39 加上 100%，得到 162.78。

1933 年 10 月 21 日低点 82.20 加上 100%，得到 164.40。

1937 年高点 195.59 到 1938 年 3 月 31 日低点 97.64 的 5/8 为 158.90，这刚好是 1938 年 11 月 10 日的高点。

1939 年 9 月 1 日的低点 127.51 到 1942 年 4 月 28 日的低点 92.69 之差为 34.82，这个差值加上 127.51，得到了 162.33。

1945 年 3 月 26 日的低点 151.74 到历史高点 213.36 的差值的 1/8 加上 151.74，得到 159.47。

1946 年的高点 213.36 的 3/4，得到 160.02。

从上述 10 个历史性点位衍生出来的百分比点位清楚地表明了为什么市场会 8 次在这一区域见底或见顶。

1949 年 6 月 14 日，市场第三次来到这一区域。截至我撰写本书的 1949 年 7 月 18 日，指数回升到了 174.40，这表明市场仍旧处在强势状态。不过，如果指数收盘在 160 之下，则是市场走弱的征兆。根据我的规则，**如果市场第四次来到某一点位，则这一点位是很难被守住的**，因此指数将跌破上述区域，继续下跌。

【原著名言采撷】

1. If you put in time studying and comparing time periods and at the same time follow all the other rules, you will find it of great value in determining the changes in trendin thefuture.

2. When important news insannounced...it is important to consider the price of the averages of the individual stocks at the

3/8 与 0.382 是不是很接近？

5/8 与 0.618 是不是很接近？在江恩百分比点位系统与斐波那契点位系统之间，你可以做一下简化，不用面面俱到。

在江恩的理论中，有双重顶底和三重顶底，也有单重顶底，但是却没有四重顶底。最后这种形态很可能是中继形态，而非反转形态。

time of news developments and whether the trend is already up or down and the change that follows these important news dates.

3. There is always a reason why the averages make high or low levels so many times around the same price. it is because there are certain percentage points around these levels.

第十章

成交量的历史与规律

这个月成交量数据不仅是当年排名第一的成交量，也是 1937 年 3 月以来排名第一的成交量，这是一个见顶的信号。

——W. D. 江恩

市场是一个生命体，在不断进化，从来没有一个固定的参数可以解构它。

——魏强斌

本章的内容是我关于股票趋势理论的延续，将对成交量数据的分析更新到 1949 年 6 月 30 日。

从 1932 年 7 月 8 日开始的牛市持续到了 1937 年 3 月 10 日，指数在这轮牛市中的涨幅为 155 个点。

1936 年股市的成交量很大，其中以 1 月和 2 月的成交量最大。1938 年全年的股市成交量达到了 496138 千股。

1937 年前三个月的成交量巨大，其中 1 月的成交量位居全年之首。市场从 3 月开始持续下跌，**在下跌中成交量逐步萎缩**，到了 8 月的时候成交量萎缩到了 17213 千股。此后的 10 月，股市向上突破，交投活跃起来，全月成交量放大到了超过 51000 千股。1937 年全年的股市成交量为 409465 千股，比前一年萎缩了不少。

1938 年，指数于 3 月 31 日见顶，**这个顶部与 1937 年的顶部有一年多的间隔**，这轮熊市的累计成交量为 311876 千股。

江恩曾经在 *New Stock Trend Detector* 一书中详细介绍了他的趋势分析理论。其中的理论框架也在于寻找趋势运动与噪声波动的界限值，这点与 J. L. 相同。但是，市场是一个生命体，在不断进化，从来没有一个固定的参数可以解构它。因此，以 J. L. 为代表的投机流派为什么会在老肯尼迪当上美国证监会主席后式微，与此也有一定关系，具体可以参见《股票作手回忆录：顶级交易员深入解读》一书的精彩旁注。

从 1938 年 4 月开始，股市逐步上涨，一直涨到了当年 10 月，涨幅为 61 个点，累计成交量为 208296 千股。其中，10 月的成交量较大，为 41555 千股。**这个月成交量数据不仅是当年排名第一的成交量，也是 1937 年 3 月以来排名第一的成交量，这是一个见顶的信号。**大家都在市场飙升时大举买进，而指数正在接近强大的阻力区域。

1938 年 11 月，指数从高点一路下跌到 1939 年 4 月 11 日，跌幅为 39 个点，累计成交量为 111357 千股。其中，1939 年 3 月的成交量为 24563 千股；4 月的成交量萎缩，并**且在 6 月出现年度最低成交量。**

1939 年 5~9 月，指数涨了 37 个点，成交量萎缩到 117423 股。同年 9 月 1 日，第二次世界大战爆发。9 月 1~13 日，指数涨了 30 个点，**9 月的成交量为 57089 千股，这是 1937 年 1 月以来的最大月度成交量值。**巨大的成交量体现了市场的狂热，疯狂买入的一方是大众，疯狂卖出的一方是主力。同时，指数未能向上突破 1938 年 11 月 10 日的高点。价量两方面的信号同时折射出市场见顶的含义，**指数的天量经常意味着天价，因此是潜在的卖出点位。**

1939 年 9 月到 1942 年 4 月 28 日，指数跌了 64 个点，累计成交量为 465996 千股。其中，1940~1941 年的成交量持续萎缩，从 1946 年的 496138 千股萎缩到 1941 年的 170604 千股，由此可见交投多么乏力不振。**1942 年 2~4 月，月度成交量略少于 8000 千股，市场交投清淡，抛压自然也就很轻，市场位于底部附近。**

1942 年 5~8 月的月均成交量继续低迷，维持在 8000 千股规模以下，多头兴趣低迷。到了当年末，成交量开始放大，但是 1942 年仍旧是数年中成交量最为低迷的一年，仅为 125652 千股。

1943 年巨量出现，累计成交量为 278000 千股。

1944 年的累计成交量为 263000 千股。

1945 年大盘继续上涨，累计成交量为 375000 千股，**这是**

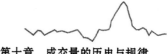

1938 年以来成交量最大的一年，这也表明牛市快要结束了。

1946 年 1 月的累计成交量为 51510 千股，这是 1937 年 3 月以内的最大月度成交量，见顶迹象明显。2 月初见到新高点后，一直到 5 月 29 日，指数上涨幅度只有 5 个点，顶部形成。

这轮超级牛市从 1942 年 2 月 28 日启动，到 1946 年 5 月 29 日完结，指数上涨了 120 点，累计成交量为 1179000 千股。牛市最后一年的极端成交量，表明这就是行情的尾声。

1946 年 6 月到 10 月 30 日，指数跌了 53 个点，累计成交量为 136955 千股，属于暴跌走势。这期间，6~8 月，月度成交量维持在 20000 千股规模。

1946 年 9 月，市场暴跌时，月度成交量超过了 43000 千股。当股市在 10 月见底时，月度成交量为 30000 千股，此后交投低迷，成交量持续萎靡不振。

1946 年 10 月 20 日到次年 2 月，指数涨了 27 个点，累计成交量略微超过了 100000 千股。

1947 年 3 月到 5 月 19 日，指数跌了 27 个点，成交量为 60576 千股。指数在 5 月见到低点，这个时候月度成交量大幅萎缩到了 20000 千股，说明市场浮动筹码大幅减少。

个股在上涨中出现地量表明惜筹，或者表明筹码锁定良好。个股上涨中出现回调，见地量则是短期调整结束的信号。江恩探讨的是指数的地量，因此意义与个股有区别。

1947 年 5 月 19 日到 7 月 25 日，指数跌了 28 个点左右，累计成交量为 42956 千股。**7 月的成交量为 25473 千股，是这一年最大的月度成交量。大众蜂拥而至，市场回落不可避免。**

1947 年 7 月 25 日到 1948 年 2 月 11 日，指数跌了 25 个点左右，累计成交量为 139799 千股。其中 1948 年 2 月的累计成交量少于 17000 千股，是几个月以来的最低月度成交量，市场交投清淡，价格波幅狭小，这表明抛压不大。同时，指数止跌的点位比 1947 年 5 月更高。上述特征表明市场回升可期。

支撑点位加上地量，江恩看涨。

1948 年 2 月 11 日到 6 月 14 日，指数涨了 30 个点，累计成交量为 131296 千股。2 月的成交量稍微低于 17000 千股，而 5 月的成交量为 42769 千股，是 1946 年 9 月以来最大的月度成交量。**指数涨到前期阻力区域出现巨大成交量，表明市**

场见顶迹象明显。到了 6 月，月度成交量低于 311000 千股，相对 5 月而言，买家在减少。

1948 年 6 月 14 日到次年 6 月 14 日，指数跌了 34 个点，累计成交量为 246305 千股。1949 年 2 月，月度成交量萎缩到了 17000 千股。1949 年 6 月，月度成交量为 17767 千股，这与 1948 年 5 月将近 43000 千股的月度成交量形成巨大反差。成交量低迷表明卖盘显著减少，指数跌到了 1946 年 10 月和 1947 年 5 月的低位附近，潜在卖点显现。

这里需要注意的一点是 1947 年的累计成交量为 253632 千股，次年的累计成交量为 302216 千股，而其中大部分成交量份额出现在 2~6 月的涨势中。

1949 年上半年的累计成交量为 112403 千股，同比 1948 年上半年的累计成交量要少很多。

如果股市能够在 1949 年下半年上涨，那么成交量就会放大，并且在年末时与 1948 年的交投水平看齐。

牢记一点，**研究月度和周度成交量极其重要**，同时将它们与其他交易规则结合起来使用。下面是 1936~1949 年纽交所的月度和年度成交量数据（见表 10-1 到表 10-3）。

表 10-1　1936~1940 年纽交所成交量数据

单位：千股

月份＼年份	1936	1937	1938	1939	1940
1	67202	58671	24154	25183	15987
2	60884	50248	14525	13874	13472
3	51107	50443	22997	24563	16272
4	39610	34607	17119	20245	26693
5	20614	18549	13999	12934	38965
6	21429	16449	24638	11967	15574
7	34793	20722	38771	18068	7305
8	26564	17213	20733	17374	7615
9	30873	33853	23825	57089	11940
10	43995	51130	41555	23736	14489
11	50467	29255	27926	19223	20887
12	48138	28422	27492	17773	18397
合计	496138	409515	297464	262029	207596

表 10-2　1941~1945 年纽交所成交量数据

单位：千股

月份＼年份	1941	1942	1943	1944	1945
1	13313	12998	18032	17809	38995
2	8970	7925	24432	17099	32611
3	10124	8554	36996	27645	27490
4	11187	7588	33554	13845	28270
5	9669	7231	35049	17229	32025
6	10462	7466	23419	37713	41320
7	17872	8375	26323	28220	19977
8	10873	7387	14252	20753	21670
9	13546	9448	14985	15948	23135
10	13151	15932	13924	17534	35474
11	15047	13436	18244	18019	40404
12	36390	19313	19528	31261	34150
合计	170604	125652	278738	263075	375521

表 10-3　1946~1949 年纽交所成交量数据

单位：千股

月份＼年份	1946	1947	1948	1949
1	51510	23557	20217	18825
2	34095	23762	16801	17182
3	25666	193398	22993	21135
4	31426	20620	34612	19315
5	30409	20617	42769	18179
6	21717	17483	30992	17767
7	20595	25473	24585	
8	20808	14153	15040	
9	43451	16017	17564	
10	30384	28635	20434	
11	23820	16371	28320	
12	29832	27605	27959	
合计	363713	253632	302216	112403

【原著名言采撷】

Remeber it is always important to study the volume of sales monthly and weekly and use the volume in connection with all of the other rules.

值得关注的指数和板块

1933 年 3 月，该指数见到低点 19.5，这个点位比 1932 年 7 月的低点高出 3 个点，因此意味着指数会继续走高，后来如预期一样。

——W. D. 江恩

历史即便是螺旋式的，也不能认为是简单地映射未来。

——魏强斌

1. 15 种公用事业股指数

罗斯福新政期间，公用事业股对应的行业受到政府的强力管制，用尽了各种手段。一直到罗斯福总统 1945 年去世之后，情况才发生了变化。现在公用事业行业受到了相对公平的对待，行业前景更加光明。为了更好地预判未来，有必要回顾一下这个行业的股票平均指数从 1929 年到今天的发展历程。

1929 年，15 种公用事业股指数见到高点 144.5；同年 11 月，该指数见到低点 64.5。

1930 年 4 月，该指数见到高点 108.5。

1932 年 7 月，该指数见到低点 16.5；同年 9 月，该指数见到高点 36.0。

"这个点位比 1932 年 7 月的低点高出 3 个点，因此意味着指数会继续走高"，这句话大家理解了吗？低点抬升在江恩理论中有趋势向上的意味。当然，如果高点也在抬升，则更强。因为，三角形等调整形态也会出现低点抬升的情况。

1933 年 3 月，该指数见到低点 19.5，**这个点位比 1932 年 7 月的低点高出 3 个点**，因此意味着指数会继续走高，后来如预期一样。

1933 年 7 月，该指数见到高点 37.5，这比 1932 年 9 月的高点高出 1.5 个点。

1935 年 3 月，该指数见到低点 14.5。这个点位同时在 1932 年和 1933 年的最低点之下，恐慌抛售已经结束了，因此一轮涨势跟着出现了。

1937 年 2 月，该指数见到高点 37.5。市场再度来到了 1933 年的高点，潜在的阻力作用显现了出来。

1938 年 3 月，该指数见到低点 15.2，这比 1935 年的低点高出 1 个点。

1939 年 8 月，**该指数见到高点 27.5，这比 1937 年 8 月的低点更低，这表明趋势仍旧向下。**此后，指数继续下跌。

1942 年 4 月，指数见到底部 10.5。此后，指数在窄幅横盘震荡了数月，最终向上突破了 1942 年 6 月和 1942 年 10 月的最高点，这表明趋势向上。行情持续上涨，并且在 1945 年指数突破了 1939 年的最高点，并且继续向上突破了 1933~1937 年的最高点。

1946 年 4 月，指数见到顶部 44.5，这个点位恰好与 1932 年 2 月的顶部一致，这表明这一点位的抛压强大。

1946 年 10 月，指数见到低点 32.5。

1947 年 1 月，指数见到高点 37.5。

1947 年 5 月，指数见到低点 32.0；同年 7 月，指数见到高点 36.25。

1948 年 2 月，指数见到低点 31.5，这个点位比 1946 年 10 月的低点低 1 个点，但是与 1945 年 8 月的低点基本一致。

1948 年 6 月和 7 月，指数两度见到高点 36.5，这与 1947 年 7 月的高点几乎一致。

1948 年 11 月和 12 月，指数两度见到低点 32.5，这比 1948 年 2 月的低点更高，形成了底部抬升走势。

> 每个重要的点位都有相应的驱动面情况，要想有效突破这一点位，就必须具备相应的驱动面剧变。

1949 年 4 月和 5 月，指数见到高点 36.5，重回此前的高点。

同年 6 月 14 日，指数见到低点 33.75，这比 1948 年 12 月的低点更高，表明市场多头力量十足，点位支撑强大。只要指数能够在 33.0 以上站稳，则走高就是大概率事件。如果指数能够进一步向上突破 36.5 这个关键点位，那么上涨趋势就更强大了。进一步来讲，如果指数能够突破 38.0，也就是 1947 年的顶部，则意味着很可能涨到 1946 年的最高点，也就是 44.5 这个点位。

公用事业股指数比铁路股指数更加强势，甚至比工业股指数还要强势。我预计在下一轮牛市当中，公用事业股板块将处于领涨位置，而相应的指数只有跌破了 31.5 才表明会进一步下跌。

1949 年 8 月对于指数的趋势性变化而言非常关键，因为如果在这一时期它突破了顶部，彰显出上升趋势，那么就很可能一直涨到 1950 年春天。

> "二战"后，美国最具"牛"相的股票与消费和医疗有关。江恩认为公用事业股走牛，主要是基于放松管制。

2. 巴伦氏航空运输股指数

这个指数对应的航空运输板块绝对是未来行情的领涨板块。为了更好地进行长期投资，必须仔细研究这个板块中的每一家上市公司。当然，回顾这一板块指数的历史走势也非常重要，因为历史是未来最好的指示器，航空公司未来的走势酝酿在历史之中。

> 历史即便是螺旋式的，也不能认为是简单地映射未来。

1937 年 1 月，该指数见到高点 27.75。

1938 年 3 月，该指数见到低点 7.50。

1940 年 4 月，该指数见到高点 34.50。

1942 年 4 月，该指数见到低点 13.50。

1943 年 7 月，该指数见到高点 43.50。

1943 年 12 月，该指数见到低点 35.50。这一点位恰好在 1940 年 4 月的高点之上。这表明指数仍旧处在上涨状态。接着，一轮强劲的涨势出现了。

1945 年 12 月，指数见到高点 91.50。

1947 年 1 月，指数见到低点 37.50；同年 4 月，指数见到高点 91.50；同年 12 月，指数见到低点 30.00。这个点位在 1943 年 12 月的低点之下，表明指数处于相对弱势状态。

1948 年 4 月，指数见到高点 39.25；同年 11 月，指数见到低点 25.50。

1949 年 3 月，指数见到低点 25.75；同年 6 月，指数见到低点 32.09。这时指数站在了 1948 年 11 月的低点之上，这表明市场处在强势之中，一波反弹紧随而至。

> 原文就是 "32.09"。

上述航空股指数走势的历史性回顾非常有价值，从中可以发现航空股指数的底部在不断抬升。1938 年，指数低点为 7.50。1942 年，指数低点为 13.50。1948 年的低点为 25.50。到写作本书时的 1949 年 6 月，该指数的低点为 32.09。你可以发现该指数在过去几年当中不断构筑更高的底部，这预示着未来指数会进一步走高。

我认为航空行业板块将引领下一个牛市。就个股而言，我最看好的上市公司是美国航空（American Airline）、泛美航空（Pan American Airways）、西北航空（Northwestern Airways）、东部航空（Eatern Airlines）、大陆航空（Transcontinental）以及西部航空（Western Airlines）。

> 江恩笔锋突然一转，从价格谈到价值，反映了他在交易与投资上的"精神分裂"，这是过渡时代的特征。J. L. 代表的投机时代向着格雷厄姆代表的投资时代过渡。

倘若一定要选择两家我认为最佳的航空公司，那么我会选择东部航空和泛美航空。因为这两家公司的管理优秀，盈利状况良好，将是未来潜在的龙头股。我预测在不远的未来，航空业会出现大公司兼并小公司的浪潮，最终会形成 3~4 家航空业巨头。如果这种情况出现，那么剩下的航空公司的盈利状态将大幅提高，而那些押中龙头的股市投资者们就会收获甚丰。

3. 小盘股

过去的几年当中，牛市中的小盘股往往涨幅十分惊人，超过了很多大盘股。主力操纵小盘股需要的资金更少，因此同样的资金量可以让小盘股比大盘股更快地上涨。

下面，我要重点介绍一只小盘股，名为玩趣制造（Joy Manufaturing Company）。这是一家历史悠久、资本雄厚的上市公司，管理良好，估值合理。1949 年，这家公司的盈利水平大幅提高，业绩前景也一片光明。更重要的是这家公司的流通股少于 100 万股，在牛市中有大幅上涨的潜力。这只股票的历史走势如下：

1941 年 9 月，该股见到高点 14 美元。

1942 年 8 月，该股见到低点 7.5 美元。

1943 年 6 月和 7 月，该股两度见到高点 12.5 美元。

1943 月 12 月，该股见到低点 9.75 美元。

1945 年 5 月，该股见到高点 30.25 美元；同年 8 月，该股见到低点 22.75 美元。

1946 年 4 月，该股见到高点 34 美元；同年 10 月，该股见到高点 40.5 美元，这是截至当时的历史性最高价。这个点位远比 1946 年的最高价更高，因此确认该股处于强势。

1948 年 2 月，该股见到低点 31.5，但是仍旧位于 1945 年 5 月的低点之上。

1948 年 6 月，该股见到高点 43.5 美元，这比 1947 年 10 月的高点高出 3 个点；同年 9 月，该股见到低点 30.5 美元，在与 1945 年 5 月几乎相同的点位上获得支撑，但是要比 1948 年 2 月的低点低 1 个点。

1949 年 3 月，该股见到高点 40 美元，这比 1947 年的高点要低。

江恩这里的思路与菲利普·费雪的思路类似。

江恩在这篇文章中粗略提出的框架与威廉·欧奈尔的 CANSLIM 操作方法类似：第一，重视公司成长性和业绩空间；第二，强调选择小盘股；第三，牛市中买入；第四，荐股基本面和技术面。

1949 年 6 月，该股见到低点 31.5 美元。这一点位与 1948 年 2 月的点位一致，同时比 1948 年 9 月的低点高出 1 个点。只要股价站在 30.5 美元之上，则就有继续走高的可能。当股价向上突破 36.5 美元的关键点位时，它就处于强势之中，进一步突破 40.5 美元则意味着还要涨到更高的位置，可能高于 43 美元或 43.5 美元。

你应该买入这样的股票，并且设定好止损单，当趋势上涨时，你将获得暴利。

【原著名言采撷】

During the past years when bull markets have occurred, stocks with a small number of shares outstanding have had substantial advances, greater in proportion than corporations with a large amount of shares outstanding.

第十二章

股票期权、认股权和权证

买入股票权证，你可能遭受的最大损失就是买入成本。

——W. D. 江恩

权证适合看得准确趋势但是拙于把握时机的交易者。

——魏强斌

许多人搞不清楚什么是看跌期权（PUTS），什么是看涨期权（CALLS），也不知道如何买卖它们。我这里就专门介绍下股票市场上的期权，以及类似的金融衍生品。

1. 看涨期权

我先来介绍一下看涨期权。所谓的"看涨期权"，是指在 30 天、60 天、90 天或 180 天内以某个固定的价格买入某只股票的权利。一般情况下，基于特定的股价和市况，你需要支付 140~250 美元作为期权费（Option Premium）。因此，看涨期权带来的损失的最大数额就是期权费，从你买入看涨期权持续至到期日都是同样的情况。

来看一个具体的例子，假设你买入了美国钢铁公司（United States Steel）执行价格为 22 美元的 180 天到期的看涨期权。为此你支付了 140 美元的期权费。如果美国钢铁公司的股票在 180 天内升到了 30 美元以上，那么你就可以按照 30 美元的价格卖出股票。获得的利润则为 800 美元减去期权费以及相应的交易佣金。

1 手股票 100 股，这里的 1 份期权合约涉及 1 手股票。30 美元减去 22 美元，则每股赚取 8 美元，一手则赚取 800 美元价差。

如果你持有 1 份美国钢铁公司的看涨期权，并且现在股价已经从 22 美元升到 26 美元，这个时候你并不行权，但是认为股价会暂时回调。这个时候你可以在股票市场上进行对冲交易，你可以在股票市场上做空 50 股。接下来有两种情况：第一种情况是股票价格并未如预期一样回调，而是继续上涨，那么 1 份期权中的 100 股在继续扩大盈利，而股票市场上做空的 50 股却在亏钱，抵消之下还有 50 股在扩大盈利；第二种情况是股票价格如预期一样回调，跌到了 23 美元。在第二种情况下，你判断股票将止跌企稳重回涨势，于是你回补空头 50 股，这样你在做空的 50 股上就赚了 3 美元一股。这个时候，你继续持有期权。此后，股价继续上涨，在期权到期日之前涨到了 30 美元，甚至更高，这样当你行权时你可以获得 100 股的差价，具体而言就是 30 美元减去 22 美元再乘以 100 股。

期权和股票可以进行对冲组合交易。

还有一个利用看跌期权或看涨期权的途径是用期权来保护股票头寸。假设你持有美国钢铁公司股票的多头，这个时候的成交价格为 22 美元左右。你预计这只股票在此后几个月内会跌到 15 或 16 美元。你想要保护自己在股票上的多头头寸，于是你买入 1 份看跌期权，期权费为 140 美元。

此后，美国钢铁公司的股价真的跌到了 16 美元，期权上你赚取了差价足以抵补股票多头头寸上的亏损，唯一的成本就是期权费用。你也可以通过在 16 美元买入股票，而在 22 美元基于期权协议进行交割，这样你就在期权上赚了 6 美元的差价，同时还可以继续持有股票多头头寸，但是却变相降低了实际的持有成本。

2. 看跌期权

所谓的"看跌期权"，是指在期权有效期内，基于固定价

格卖出某只股票的权利。1 份期权通常涉及 100 股股票。看跌期权的有效期通常也是 30 天、60 天、90 天或 180 天。

下面举一个具体的例子来帮助你理解。假设克莱斯勒（Chrysler）的股价现在是 50 美元，你预计它会进一步下跌。因此，你买入了行权价为 50 美元的看跌期权，有效期为 180 天，期权费为 187.5~200 美元。这笔期权费就是你要支出的全部成本。

假设在 180 天内，克莱斯勒跌到了 40 美元，这意味着你可以在股票市场上以 40 美元的价格买入 100 股，然后基于期权协议以 50 美元的价格卖出。如此一来，你的利润就是每股 10 美元价差乘以 100 股，减去期权费用和交易佣金。

还有一种操作，就是当克莱斯勒跌到 45 美元时，你就认为股价已经很低了，你看好这只股票，于是你在股票市场上买入 50 股来对冲看跌期权。即便股价继续下跌，你其实在期权上仍旧有 50 股在赚钱。但是，如果股价在 45 美元止跌，转而上涨到 50 美元，那么股票市场上买入的 50 股就带来了每股 5 个点的利润，这就是利用买入股票来对冲看跌期权。

当你买入看跌期权或看涨期权时，期权都由交易所结算和担保，因此无论股票价格涨跌幅度有多大，你都能够按照期权约定的价格进行交割。除了期权费用之外，你不用缴纳其他任何名目的保证金。经纪人可以为你提供相应的期权报价信息和交割金额要求。

看涨期权和看跌期权是通过经纪人进行交易的，经纪人一般可以提供任何一只活跃股 30~180 天的期权报价。由于期权承担的风险有限，损失很小，同时一旦对股价趋势判断准确则获利丰厚，因此我个人认为股票期权是有客观利润且安全可靠的交易标的。

权证，又称"认股证"或"认股权证"，其英文名称为 Warrant，故在中国香港又俗译为"窝轮"。在证券市场上，Warrant 是指一种具有到期日及行使价或其他执行条件的金融衍生工具。按照交易行为划分，权证的种类分为认购权证（买权）和认沽权证（卖权）。权证的价值（或价格）等于内在价值与时间价值之和。内在价值（Intrinsic Value）是指权证持有人行权时所能获得的收益。时间价值（Time Value）是指权证有效期内标的的资产价格波动为权证持有人带来收益的可能性所隐含的价值。江恩这里讲的权证主要是"认购权证"。

3. 认股权和权证

除了期权以外，还有一些股权衍生金融工具值得了解，如认股权（Rights）和权证（Warrants）。事实上，你可以动用很小一笔钱买入存续期很长的权证，如某些权证可以从 1949 年一直交易到 1955 年。

权证是一种可以在存续期内买入某公司特定数量股票的权利，除了存续期较长的特点之外，与看涨期权类似。

纽交所的经纪人可以提供挂牌权证的交易信息，并且提供买卖经纪服务。如果你稍有经验就会发现在经济萧条、股市处于熊市末端时，买入权证是有价值的，因为此时股票价格低，自然权证价格也低。但是，如果股市处于牛市末端，则股票价格高，权证价格也高，那么你就可以在高位卖出此前在低位买入的权证。

希望扩充股本的公司发行权证不仅能保证控制权，而且还能够在一段时期内以管理者希望的价格出售额外的股份。

权证的存续时间较长，同时交易存在较高的杠杆，因此交易者们通常把它当作股票看涨期权来交易。其具有的高杠杆特征，使它在数年存续期内的价格波幅远远大于普通股票，从波动百分比就可以看出来。

另外，如果股票趋势性上涨，但是交易者却不能很好地把握买入时机和点位，那么选择相应的权证买入则更加容易。

> 权证适合看得准确趋势但是拙于把握时机的交易者。

4. 高利润和低风险

买入股票权证，你可能遭受的最大损失就是买入成本。

如果股票价格上涨，那么权证的价格也会跟随上涨，这时你就可以直接持有权证赚钱，而不必买入正股或行权。下面我介绍几个具体的例子。

第一个实例是 Tri-Continental Corporation，这是一家信托投资公司，其股票交投活跃。1941~1942 年，其对应权证的价格非常低，为 1/32 美元。但是，1936 年其权证曾经在 5.375 美元交易。如果你在 1941 年或 1942 年投资 1000 美元买进其权证，只可以买入 32000 份权证。几年后，如果你在 1946 年以 5 美元的价格卖掉，那么它们将价值 160000 美元，也就是说在 4 年内，你用 1000 美元赚到了 159000 美元，只耗费了极少的佣金费用。

第二个实例是 Merrit-Chapman & Scott，这是一家建筑承包商，作为业界翘楚，承接各类建筑工程，在国外也有各种项目。其正股交易非常活跃，每年通常会派发一定红利。1938~1943 年，几乎每年其股票都会跌到 0.25~0.375 美元。但是到了几年后的 1946 年，其权证价格却飙升到了 12.5 美元。当这一权证在 0.25 美元交易时，你投资 1000 美元，可以购买 4000 份的权证。若在 1946 年以 12 美元的价格卖出，那么你将兑现 48000 美元，也就是用 1000 美元本金赚到了 47000 美元利润。

第三个实例是 Atlas Corporation，也是一家信托投资公司，其 1941 年和 1942 年的股票权证价格只有 0.25 美元。1942 年，如果你在 0.25 美元的价位投资 1000 美元，那么可以买到 4000 份权证。到了 1946 年初，这些权证可以卖到 13 美元 1 份，总价值则高达 52000 美元。简而言之，你用 1000 美元挣了 51000 美元。

下面我列出了纽交所和纽约场外交易所活跃的权证数据，采用的都是截至 1949 年 6 月 30 日的数据①。

江恩都是在讲认购权证。

A 股市场上的权证在 2006~2007 年曾经让不少人成了亿万富翁，不过今天这一品种却已销声匿迹。2005 年 8 月 22 日，宝钢权证上市揭开了权证的大幕。当时权证作为股权分置改革中的一种创新对价方式应运而生，分为认购权证和认沽权证两种。在权证鼎盛时期，两市共有 90 余只产品，日均交易量动辄千亿元。在权证市场，投资者一夜暴富、一朝破产者数不胜数。其中最具代表性的便是招行认沽权证，这只高达 22 亿份的权证在 2007 年五六月极尽疯狂，短短 12 个交易日最大涨幅近 14 倍，其中 6 月 11 日涨幅甚至超过了 100%。权证也给 A 股市场留下无数惊心动魄的"末日轮"传说。2010 年 6 月，只剩最后一个交易日的宝钢权证早盘一度飙涨 64.29%，几经停牌后尾盘在短短 5 分钟之内暴跌 85%，堪称惊心动魄。2011 年 8 月 18 日 15 时，尚未行权的"长虹 CWB1"认股权证被全部注销，A 股最后一只权证谢幕。

① 这些数据并没有多大价值，为了不浪费篇幅，就没必要列出了。

【原著名言采撷】

When you buy a warrant on any stock，all that you can lose is the price you pay for the warrant.

新发现和发明

除了原子能之外，太阳能和风能也是潜在的廉价能源，能够全方位地变革工业。整体来讲，将大幅降低整个制造业的成本水平，进而刺激消费增加。

——W. D. 江恩

每次萧条都是经济在去除掉多余的"脂肪"，并且酝酿下一波繁荣的技术创新和组织创新。

——魏强斌

世界历史告诉我们，每次经济的寒冬过后，新发现和发明就会接踵而至，而这会促进商业复苏和社会进步，最终繁荣降临整个世界。富尔顿发明了蒸汽机车，而惠特尼则发明了轧棉机，这些都开启了一个更加进步和繁荣的新时代。

1849 年，金矿在加州发现，引发了一轮淘金热，并且带动整个经济走向繁荣。也是从那个时候开始，铁路的大规模建设大幅改善了美国中西部的交通运输情况，使这些地区的资源得到有效利用，同时带来了经济的繁荣和社会的巨大进步。

长江后浪推前浪，已有的事物必然被新来的事物所替代。铁路作为后来者，取代了运河和马车，因为铁路更加高效经济。在铁路之后，还有其他新发明，如全新的炼铁制钢方式。这些新技术帮助美国成为了一个强大的新兴工业国，这是一

> 江恩这一段话与经济学家熊彼特的"破坏性创新"学说颇有相似之处。每次萧条都是经济在去除掉多余的"脂肪"，并且酝酿下一波繁荣的技术创新和组织创新。

> "要想富，先修路"体现了制度经济学的精髓之一，那就是通过降低交易成本来促进分工程度和规模，进而提升整个经济的规模和增长速度。

个巨大的进步。

20 世纪初，汽车作为一项新发明，再度变革了整个运输体系，无数人因为这项新的技术革命而获得就业机会，一轮新的繁荣呼之欲出。一些新的化学发现和发明，如人造纤维的出现，带来了工业和社会的进一步繁荣。

因此，当我们因为深处大萧条中而感到抑郁和焦虑时，新的发明和发现已经在孕育中，而它们往往导致新的一轮增长和繁荣来临。

莱特兄弟发明了飞机，使交通系统的速度大幅提升，而且其提升空间巨大，还未完全实现。这项发明也引发了一轮技术经济的繁荣。我称之为伟大的发明，因为它将全球更加紧密地联结在一起，而这将更加巩固来之不易的世界和平。当然，这项技术到底能够对经济繁荣起到多大的实际作用，还需要观察。因为现在这项技术在各个领域的运用还处在加速状态，前途无限。

飞机需要更加廉价的燃料，更加轻的自重。这一进步肯定能够实现，当燃油更加廉价时，航空业对于各种人流和物流来说都是更加便捷和高效的运输方式，而这将带来新的革新和繁荣。

> 廉价航空的出现和普及是必然趋势，一切高大上的技术事物最终都会进入寻常家。

原子能

1945 年，美国利用自己研发的原子弹迫使日本无条件投降。虽然，原子弹让许多人丧生，造成了巨大的破坏，但是却极大地缩短了战争进程，相当于减少了因战争持续带来的更多伤亡。

原子能的发明能够带来的巨大变革并非一般人所能理解，因为它可能是飞机廉价轻便燃料的来源，另外还能大幅度降低飞机的自重。一旦飞机自重和燃油负载降低，则可以显著

提升飞机的飞行速度和长度，并且增加载重量。也许，在未来原子能比传统能源装置所需要的安装空间更少，因此可以腾出更多的空间给乘客和货物。

一旦技术进步到某种程度，则原子能比其他类型的燃料更加便宜，最终就会得到大规模的制造。低成本的原子能将在航空业掀起一场前所未有的革命，而这必然刺激经济繁荣。

除了原子能之外，太阳能和风能也是潜在的廉价能源，能够全方位地变革工业。整体来讲，将大幅降低整个制造业的成本水平，进而刺激消费增加。一旦物价降低，就会提升我们的实际购买力，进而提升消费量。原子能是未来廉价能源的关键所在，其未来的潜力不可限量。

> 人类石化燃料之后的能源革命进程总是低于预期，江恩在"二战"后的畅想直到现在都未实现。为什么他这么关心新技术呢？第一，股市中的牛市往往与技术泡沫有关，也就是新的发明创造；第二，投机客没有不重视题材的，而新技术往往是最好的题材之一。

【原著名言采撷】

1. During the past history of the world following each depression some new discovery or some new invention has stimulated business and progress and brought on another boom.

2. Old things pass away and new ones come to take their places.

逝去的金融大佬

他如何做到全身而退的呢？在开仓的时候，他总是在距离开仓价 5 个点的地方设定止损单。如果市场未能如期一样发展，那么止损单可以限制他的损失。如果市场如预期一样发展，那么浮动盈利就会持续增长，直到出现明确的离场信号。

——W. D. 江恩

借力，而不斗力！投机要借势，而不仗势！投机的时候千万不要让自己"首当其冲"，不要做唯一的大空头或者大多头！

——魏强斌

1893~1896 年的大恐慌席卷整个美国，这段时期被大众认为相当糟糕，商品价格低迷，通货紧缩困扰整个社会。棉花在美国南部的售价非常低，仅能够卖每磅 3 美分。其他大宗商品也好不到哪里去，如小麦。在这种大背景下，一些投机大佬尝试抄底。我在小麦市场上就生平第一次碰到想要抄底的操纵行为。芝加哥的莱特尔（Lighter）囤积控制了大量的小麦现货，并且在期货市场上进行操纵，将价格从每蒲式耳 1 美元拉升到 1.85 美元。

像莱特尔这样的投机大佬总有很多值得我们学习和吸取教训的地方，其中最值得吸取教训的一点就是为什么在拥有巨额财富之后又倾家荡产了。莱特尔的失败似乎是预期之外的因素导致的，因为他实在想不出空头能够在芝加哥找到大

商品期货市场上的"逼空"非常普遍，特别是那些现货商在期货市场上发动的逼空之战。不过，有时候交易所改变交割规则，放宽交割标的等因素会出乎意料地改变局势。

量的现货小麦用来交割。但是艾莫尔（Armour）却更加聪明，他突发奇想用城际速运卡车将小麦运到芝加哥进行交割，莱特尔逼空的算盘落空了，随之破产。

任何人都无法预测未来，意外可以改变任何人的命运，财富可以在瞬间灰飞烟灭。因此，不要孤注一掷。同时，我们应该从前辈和他人那里学习经验和教训，正所谓"前事不忘，后事之师"。大多数股票和期货投机大佬遭受滑铁卢都是因为失去自制力，因为他们盲信自己可以呼风唤雨，操纵市场，进而与趋势为敌。垄断操纵市场，会在短期内大幅提升物价，但往往却免不了同样的下场——自己倾家荡产。

1903~1904 年，当萨利（Sully）在棉花市场兴风作浪时，我也在场。他通过做多棉花合约在很短的时间内就赚到了数百万美元。大获成功之后，他就免不了犯了投机大佬们的通病，认为自己可以在市场上呼风唤雨，于是他无所不用其极地抬高价格，结果他爆仓了，破产了！

另一位最终折戟的棉花期货大佬是西奥多·H.普利斯（Theodore H. Price），他也犯了同样的错误。他大量做多棉花期货合约，但是却对意外因素准备不足，于是爆仓破产了。不过，他吸取了教训，东山再起，还清债务，再次积累起足够的财富，成了一个真正值得称道的投机大佬。

尤金·施卡勒思（Eugene Scales）的例子也值得我们从中吸取教训。他从几百美元起家，身价最高高达上千万美元。但是，最终他却破产了。他也是在棉花市场上发家致富，而最终破产的一个投机大佬。当他成功之后，谨慎行事的风格不见了，骄傲自大的情绪开始控制他的行为。他刚开始起家的时候，总是坚守一套规则，如履薄冰；他腰缠万贯之后，交易风格就变得迥异于前了，对于意外毫无准备。他一直坚守棉花多头头寸，不断增加持仓量，却不得不面对市场的反向运动。最后，他爆仓了，破产了，在贫病交困中死去。

杰西·李默埠（Jesse Livermore）是当时最为伟大的投机者之一，他在股票和商品市场上赚取了不计其数的利润。他多

借力，而不斗力！投机要借势，而不仗势！投机的时候千万不要让自己"首当其冲"，不要做唯一的大空头或者大多头！

亨特兄弟操纵白银的案例也有同样的警示意义，感兴趣的读者可以上网检索一下。

看他起高楼，看他楼倒了！投机大佬们善终的很少，只有极少数人能够做到，如伯纳德·巴鲁克，此君的终生成就应该远在 J. L. 之上，但是却被大众忽略了。

那个时代的上千万美元相当于现在上百亿美元。

不止损，亏损越大越加仓，不进行场外资金管理和分散理财，这是投机大佬们不断陨落的最常见原因，现在国内期货界层出不穷的大佬破产和跳楼事件基本都是上述原因导致的。

次爆仓，破产多次，然后数次崛起。但是，只要他东山再起，就会清偿破产前的所有债务。他是一个值得信赖的人，即便在法庭裁定他破产之后，大家还是坚信他值得信赖，会清偿那些法律上已经免除的债务。

我第一次见到 J. L. 是在 1908 年，第二次见到他则是在 1913 年。当时，他正在通过莫瑞—米切尔经纪公司进行交易，我也投入了资金给他操作，最后他因为持续亏损而破产。当然，我投入其中的资金也就打水漂了。

1917 年，J. L. 东山再起，他不仅偿还了我的亏损，而且清偿了其他投资者的债务，这件事情让他声名鹊起。

正是因为他诚实守信的人品，在他 1934 年再度破产时我曾出手帮助他渡过难关，并且劝说其他人也给予支持。很快 J. L. 就满血复活了。

但是，最终他免不了失败的命运，因为他擅长赚钱，却对如何守住财富毫无见解。骄兵必败，在大赚之后，他开始变得骄躁起来，不再谨慎从事，试图指挥市场，而不是顺势而为。

J. L. 最后自杀了，事实上他已经破产了。**为什么像 J. L. 这样的投机大佬们最后却守不住财富呢？**因为在每次大赚之后，他都变得夜郎自大，企图操纵市场，但是却对不确定因素没有准备。最终，意料之外的因素将他打倒在地，他破产了。

克劳福德博士（Dr E. A. Crawford）也是一位曾经风光无限的投机大佬，他大赚过也大赔过。他在 1932 年时怀揣几千美元卷土重来，快速积累起巨额的财富。当市场在 1933 年达到高位的时候，他账面的浮动盈利已经达到了 3000 万~5000 万美元了。他不仅买入了美国股市上的全部食品类上市公司股份，而且还在国外股市上大举买入。另外，他还大举介入商品期货市场，成为了一个有影响力的多头。

情况在 1933 年 7 月 8 日出现了变化，商品期货市场出现了崩盘，引发整个金融市场的恐慌情绪和连锁反应，克劳福德博士在这次暴跌中损失惨重，最终破产。

J. L. 的故事很精彩，但是里面的教训和经验却不是三言两语能够讲清楚、讲透彻的，如何落地更是关键。推荐阅读《股票作手回忆录：顶尖交易员深入解读》一书。

我个人认为江恩提出了一个绝佳的问题，但是答案却相当潦草了。你认为真正导致 J. L. 虎头蛇尾人生的最关键因素是什么？不要跟我谈什么人性的弱点，什么贪婪之类的原因，那些都是不着边际的人给的不着边际的理由而已。成败有具体规律，而不是简单归结为品德和情绪。

逆势的一个典型特征是浮动亏损越来越大，但是你不止损，甚至还在加仓。因此，所谓的投机客三大忌讳——逆势、重仓和不止损，其实讲的是同一个问题。

为什么手握重金的大佬们却破产了呢？因为他们忽略了预期之外的因素，并未留有余地和做好准备。克劳福德坚信价格上涨会持续下去，于是不断买入和做多，最终因为价格下跌引发保证金不足，破产不可避免。在持有商品期货多头头寸的时候，他完全忘了最初崛起时才恪守的规则，疏忽大意和自鸣得意让一切事情失去了控制。

一旦你开始违背那些成功所依赖的规则，那么失败就不可避免。如同其他犯下大错的投机大佬一样，克劳福德也因为过度重仓而失败，这就是投机的大忌。所有的投机客都会犯这样的错误，谨慎被抛到九霄云外，没有任何应对意外的措施。

最近名气比较大的投机大佬是乔丹（Jordan），他来自新奥尔良。他在 1936 年之前靠着几百美元起家，在棉花期货市场中赚到了巨额财富。乔丹与其他大佬的情况类似，最终爆仓破产了。原因是什么呢？因为他也坚信棉花价格会继续上涨，他甚至大肆宣称棉花会涨到南美战争时期的高位——每磅 1.89 美元。他抱着希望在市场中交易，而不是基于客观的供求关系。他持续加仓买入，直到满仓做多棉花合约。

这时候市场做多热情高涨，大众疯狂看多做多。**当最后一个潜在多头入场做多时，所有人都成了潜在的卖家。于是，棉花价格很快见顶。**1946 年 10 月 9 日，棉花期货价格从最高点 3928 点开始下跌，跌到了 1946 年 11 月 7 日的 2310 点，在一个月不到的时间内快速下跌。在暴跌中，乔丹的多头满仓带来巨大的亏损，那些跟风做多的人也跟着亏了不少钱。棉花市场的快速下跌，引发了政府的干预救市。政府和大众要求安德森（Anderson）和克莱顿（Clayton）接手乔丹的头寸。即便如此，仍旧不能有效遏制跌势。

乔丹稀里糊涂地乐观做多，他并没有认真地研究市场，这种错误大佬们经常犯。倘若他能够认真研究一下战争时期的棉花价格，特别是第二次世界大战期间的棉花价格，那么他就不会奢望棉花价格会涨到他期望的高水平上去。第二次

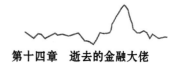

世界大战期间，美国棉花的价格是每磅 43 美分，期货合约的点位为 4375 点。

倘若他能稍微花点时间去研究一下 1923 年的棉花价格走势，就会发现棉花价格在当年 11 月 30 日见到 37.5 美分的顶部，这已经是一个极端高点了。如果他能明了这一点，就会认识到 37.5~39 美分的高位是非常极端的价位。在他所处的基本面情况下，这些价位是不可能触及的。因为上述的极端价位都是非常时期的价格水平，只有在战争时期才会产生这样的点位。

> 极端点位的基本面情况研究非常有价值，我在《原油期货交易的 24 堂精品课》的第一课专门论述了这一点。简单来讲，通过将目前的基本面情况与极端点位的基本面情况进行比较，你会知道价格是不是有大概率会突破这些极端点位。

如果他能够认真考虑上述因素，那么就会及时了结前期获利的多头，并且识时务地在高位做空，这样就会在保住前期盈利的同时再大赚一笔。如果他对市场走势规律有所认识，会发现价格在持续上涨之后开始疲态尽显，过去数周的涨势微弱，这表明有人在大量做空。他应该看出端倪，及时改变立场，了结多头，建立空头。但是，贪婪阻碍了他的认知，这是人类最大的敌人。他顽固地持有多头，希望获得更大的利润，结果趋势反转，多头阵前倒戈，大家夺路而逃，跌势加重，最终乔丹不过纸上富贵一场，很快就破产了。

我们这些人，不管是投机客、投资者，还是普通大众，能够从上述这些悲剧性的风云人物身上学到什么教训呢？我们可以从中学到的最深刻一点就是他们的破产源于他们违背了一些规则，而我们要避免犯同样的错误。清楚了这些错误，就能够赚了钱还能守住钱。

我们能够学习的最重要的一条规则是不要逆势重仓。要学习的第二条规则是采纳止损单。预先设定好的止损单可以保住大部分资金，同时还可以保住大部分盈利。我们应该秉持客观的态度来交易，克服贪婪和恐惧的情绪，它们是交易者的最大敌人。因为贪婪而建仓，等到因为恐惧而平仓时已经太晚了。

市场是残酷不留情的，对此我们要坦诚对待，因此不要抱着贪婪和恐惧在市场中交易，要想成功就必须克服主观情

自 1897 年以 300 美元做风险投资起家，巴鲁克 32 岁便积累了 320 万美元的财富。即便在经历了 1929~1933 年的经济大萧条后，他仍能积累起几千万美元的财富。据估计，巴鲁克 1929 年财产最高值可能在 2200 万~2500 万美元。1931 年的财产清单显示巴鲁克那时的总资产是 1600 万美元，其中现金 870 万美元，股票 369 万美元，债券 306 万美元，借贷 55 万美元。巴鲁克留下来的物业价值超过了 1400 万美元，他一生对各项事业的捐款将近 2000 万美元。（引用自 2014 年 9 月 15 日《国际金融报》）

限制亏损，让利润奔腾。止损单相对简单，但是如何让利润奔腾呢？Easier said than done！

绪。你需要着眼于趋势的变化，同时跟随趋势的变化。要想在金融市场中成功，你必须学习那些经得起考验的规则，并且在未来的市场中加以运用和实践。

有很多起初呼风唤雨，最终折戟陨落的大佬，但是也有不少投机大佬们不仅赚了大钱，而且成功地守住了财富。

有哪些在这个行列中呢？伯纳德·巴鲁克（Bernard Baruch）就是其中大名鼎鼎的一位。当他退休的时候，仍旧坐拥千万级美元的财富。他的绝大部分财富都是从股票市场中赚到的，他投机也投资。

另外一位名列大赢家行列的大佬是本·史密斯（Ben Smith），他赚了大钱，也守住了财富。

还有一位是波特·卡索思（Bert Castles），他赚了大钱也守住了财富。他是一位投机大佬，安享晚年直到去世，他都坐拥了大把财富。**他如何做到全身而退的呢？在开仓的时候，他总是在距离开仓价 5 个点的地方设定止损单。如果市场未能如期一样发展，那么止损单可以限制他的损失。如果市场如预期一样发展，那么浮动盈利就会持续增长，直到出现明确的离场信号。**

成功的交易者都有明确的计划和交易规则。如果你想要成为他们中的一员，就必须学习有效的规则，并且恪守它们。

我还可以列举更多的成功交易者，这些人赚取了足够的财富，并且守住了财富。他们究竟做了什么，使他们与那些最终失败的风云人物相区别？答案是，他们都是恪守规则的人，而不是感情用事的人。他们知道如何确定商品和股票的价格趋势；他们知道开仓的时机；他们知道离场的时机；他们知道防患于未然；他们从不过度交易；当众人卖出时，他们买入；当众人买入时，他们卖出；他们独立思考，不听闻小道消息；他们恪守交易系统；他们知道从基本面中筛选出有价值的信息。这就是他们赚取财富并且能守住财富的原因。

请牢记一点，**每个交易者都会犯错。如何对待这一点呢？设定止损单！**这样就可以将损失限定在一个能够接受的范围

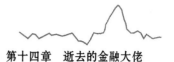

内。一个交易者除非清楚一笔交易中的潜在最大风险，否则就不应该进行这笔交易。如果他们对这些最根本的规则置之不理，那么爆仓和破产是早晚的事情。

对成功的浮华人生高谈阔论绝不是我在华尔街浪迹 45 年后写作本书的目的。成功和获取巨额财富并无捷径可以走！我想要告诉你现实的情况，并且告诉你有效的规则。如果你能够静下心来研究这些规则，并且耐心等到明确的机会，时机恰当地进场和离场，那么你就必定能够取得成功。

生命中，一分耕耘，一分收获。投入决定了产出。愿意在真理上花费时间和金钱去学习，而不是盲目自大，才能真正在金融市场上成功。我一直坚持描述事实和真相，坦诚地讲述 45 年来在股票和商品市场的成功经验，并且指出人性的弱点。投机是一项利润丰厚的事业。前提是你恪守规则，对意外做好准备，那么就能通过投机在华尔街赚取丰厚的利润。

> 世界上最怕认真二字！这句话，年龄越大，体会越深。所谓的"刻意练习"，最重要的是认真，用功不用心是无法成功的！

【原著名言采撷】

1. The lesson to be learned by mistakes of others is , don't make the same mistake.

2. Livermore's one weak point was that he never studied anything, except how to make money. He never studied the rules for keeping money.

3. This is the greatest sin of all speculative operators—overtrading, throwing caution to the winds and not figuring that the unexpected can happen.

4. What can can the ordinary man, speculator, investor or trader learn from the history of great operators who have amassed millions of dollars and have lost them? He can learn the lesson of why they lost it, and what rules they failed to follow, and not to do the same things that they did. Then he has a chance to make money and keep it. The greatest thing he must learn, and the most important, is not to overtrade. The next thing he must learn to do is to use stop loss order, protecting both his principal and his profits by an automatic stop loss order. He must trade on facts, eliminating both hope and fear, the trader's greatest enemies. If a man buys and holds on hope, eventually he will sell when he fears the worst, and then it is too late.

5. Facts are stubborn things, but they must be faced and hope must be eliminated by any man who expects to make success by trading in stocks or commodities.

6. Successful investors have definite plans and rules, and follow them. if you expect to succeed, you must learn the right rules first, then follow them.

7. Every man takes out of life just exactly according to what he puts in. We reap just what we sow.

8. A man who pays with time and money for knowledge and continues to study and never gets to the point where he thinks he knows all there is to know, but realizes that he can still learn, is the man who will make a success in speculation or in investment.

第十五章

超卖的板块

一般而言，股票市场是经济周期的先行指标，至少领先经济周期 6 个月。

——W. D. 江恩

对于财富的积累，一定不要以为是你多有本事，财富积累完全来源于经济周期运动的时间给你的机会。

——周金涛

虽然道·琼斯 30 种工业股指数只是从 1946 年的高点下跌了 25%，但是个股却跌得惨不忍睹，很多个股已经从 1945~1946 年的记录高点跌了 75%~90%。一般而言，**股票市场是经济周期的先行指标，至少领先经济周期 6 个月**。那么，股票市场能够在经济不景气的时候上涨吗？答案是能！历史上如此，未来也会如此。因此，我们要在经济悲观的时候寻找那些超卖的板块，这些板块或许就是下一次牛市中能够提供丰厚利润的肥羊。

1. 航空板块

航空板块几乎要比其他任何板块跌幅大，超卖情况严重。

股票市场在经济衰退的末期甚至中后期就会开始上涨。因此，经济不景气的时候，股市并不是一直下跌。虽然经济衰退早期阶段，股市跌得惨不忍睹，但是到了衰退中后期，或者末期，大众情绪非常悲观，而流动性显著宽松，经济构筑底部接近尾声，这个时候股评往往继续看跌大盘，但是市场开始反转，大众却口径一致地认为是反弹而已。如果有股评认为熊市将继续，因为经济还未好转，那么他绝对是外行。毕竟，从查尔斯·道开始，许多资深的市场人士已经认识到了股票市场领先于经济。美联储运用的经济分析指标体系中，都将股指作为先行指标。更加全面而专业的分析请阅读《股票短线交易的 24 堂精品课》(第二版) 的第一课"跨市场分析：实体经济的圆运动和金融市场的联动序列"。

在恐慌中，大众忽略了航空股是一个高速成长的行业。这个行业并非出于淘汰边缘的夕阳产业。因此，航空板块应该会转而上涨，而且早晚会出现让人意外的巨大涨幅。简言之，它们将成为未来牛市的龙头。

表 15-1 给出了主要航空股最近几年的最高价和最低价，其中最值得关注的是东部航空（Eastern Airlines）、泛美航空（Pan American World Airways）和美联航（United Airlines）。

表 15-1　航空股最高价和最低价

	上市公司名称	近年最高价（美元）	近年最低价（美元）
1	American Airlines	1945 年　95.5	1948 年　6.0
2	Bell Aircraft	1946 年　35.5	1948 年　10.75
3	Bendix Aviation	1945 年　63.0	1949 年　26.0
4	Braniff Airlines	1945 年　37.5	1948 年　6.0
5	Eastern Airlines	1945 年　134.0 按照拆股后算，则 1945 年达到最高价 31.5	1949 年　13.0
6	National Airlines	1945 年　41.75	1938 年　4.0
7	Northwest Airlines	1945 年　63.75	1949 年　7.0
8	Pan American World Airways	1946 年　29.0	1948 年　8.0
9	Trans World Airways	1945 年　79.0	1948 年　9.5
10	United Airlines	1945 年　62.5	1948 年　9.5

2. 我看好的错杀股

除了航空板块之外，我还看好一些跌得很惨的股票，请参见表 15-2。这些股票很可能在下一轮牛市中大放光芒。其中的通用汽车（General Motors）尤其值得关注。它在 1943 年见到低点 48.75，此后低点逐步抬升，这表明买入力量强大。因此，除非它跌破 51.875，并且在这个点位下面收盘。1947 年和 1948 年是一个双顶，因此倘若这只股票收在 66 美元之上，那么它会大幅上涨。

另外还有一些我看好的股票，请参见表 15-3。艾德蒙公司（Admiral Coporaiton）治理良好，业绩很好，而且在 1949 年的下跌走势中获得了强有力的支持。因此，未来在牛市的时候会走高。电力股债投资公司（Electric Bond & Share）处于上升强势之中，

表 15-2　错杀股（1）

	上市公司名称	近年最高价（美元）	近年最低价（美元）
1	Gimbel Bros	1946 年　73.75	1949 年　12.0
2	Lockheed	1946 年　45.5	1947 年　10.5 1949 年　16.5
3	Martin, G.L	1946 年　47.75	1949 年　7.0
4	Montgomery Ward	1946 年　104.0	1949 年　47.5
5	Pure Oil	1948 年　42.0	1949 年　24.625
6	Philco Radio	1948 年　46.5	1949 年　25.25
7	Standard Oil of New Jersey	1948 年　93.0	1949 年　60.5
8	Sperry	1946 年　40.5	1947 年　17.0
9	U.S.Rubber	1946 年　80.5	1949 年　47.5
10	General Motors	1946 年　80.5 1947 年　65.75 1948 年　66.0	1946 年　47.5 1948 年　15.2 1949 年　51.875

表 15-3　错杀股（2）

	上市公司名称	近年最高价（美元）	近年最低价（美元）
1	Admiral Coporaiton	1945 年　22.5 1948 年　22.625 1949 年　20.25	1947 年　6.0 1948 年　7.0 1949 年　14.75
2	Columbia Pictures	1945 年　45.5	1948 年　7.5
3	Consolidated Vultee	1946 年　37	1948 年　7.75
4	Electric Bond & Share	1946 年　26.5	1947 年　9

其现金价值远超股价。1949 年底之前，存在每股派发现金 12 美元或 14 美元的可能性。该股正在构筑更高的低点，并且已经在 13.25 美元附近站稳。这个点位正好是 1946 年高点的 50%点位。这是一个潜在的可靠买入点位。倘若这只股票涨到 16 美元以上，那么它就处在强势状态，而且意味着会涨到 25~26 美元。另外，哥伦比亚燃气公司（Columbia Gas）也值得关注，因为它每年的底部都在抬升。

上面这些股票都很有可能在下一轮牛市中领涨。尽管如此，你仍旧需要牢记一点：在交易股票的时候，一定要利用止损单保护好你的资本。如果持有一只股票在非常长的时间内都没有什么可圈可点的表现，那么就卖掉它，这样只会损失很少一点资金。

【原著名言采撷】

The stock market discounts business six months or more in advance.

第十六章

美国负担得了另外一场战争吗

作为投资者，我们需要明白战争会对股市产生什么影响？这完全取决于股市在战争爆发时处在什么位置。

——W. D. 江恩

未来 30 年，黄金和区块链技术是美国债务的紧箍咒。

——魏强斌

1918 年，当我们终结世界大战时，大众认为战争带来的伤痛会就此终结一切战争。然而，好了伤疤忘了痛，希特勒在 1939 年再度发动了席卷全球的战争。1941 年，美国被迫参战。为了终结大战，恢复世界的和平与繁荣，美国支援苏联和其他盟国，以便帮助他们抗击以德国为首的法西斯。

结果如何呢？当第二次世界大战刚刚结束不久，美国却又开始着手准备另一场战争了。到处都在宣传早晚同苏联开战。为了准备这场战争，我们在 1949 年耗费了 150 亿~160 亿美元的资金。

我们曾经为了终结两次世界大战而打了两场战争，现在又在准备第三场战争，难道这场战争就能终结所有的战争吗？我认为它不会。原因是战争从来就没有真正解决过任何根本问题，而且在人类学会通过非战争手段解决分歧之前，永久的和平绝不会降临。

两次世界大战，让西欧的世界霸权彻底衰落了，美国从中获得了最大的好处。

战争非常残酷，无论名义上的赢家是谁，都不可避免地会遭到重大损失，实际上都是输家。战争具有毁灭性，摧毁一切，是一门赔本的生意。战争以本国人的生命为代价，消耗大量的物质产品，成本高昂。

美国已经负担不起新的一场战争了，因为我们已经背负了 2500 亿美元的债务。从哪里能够取得战争所需的资金呢？谁能够购买得起足够多的国债以便支持战争呢？如果我们贸然进入另一场战争，那么美国将最终破产和毁灭。

战争要我们付出的代价太大，综合考虑全部的政府和私人债务，美国的偿还能力已经超过了极限。美国政府需要那些具有长远见识和深刻洞察力的睿智之人。这些人应该宣扬并保护和平，而不是耗费纳税人的钱去鲁莽备战。

我们之所以会在 1941 年 12 月参与战争，是因为我们的安全和自由受到了威胁。我们用生命和资源赢得了最后的胜利，并且因此捍卫了自由。

我们天真地认为自由在这个国家得到了充分的保障，但事实真的如此吗？我们还有战前的自由吗？没有！因为从罗斯福新政开始我们就被剥夺了大多数自由。新政不断宣扬社会保障，从出生到死亡，政府都要提供所谓的保障，都要插手其中。事实上，无论是国家还是人民，真正需要的都不是社会保障。因为**社会保障并不能够促进经济发展和社会进步**。它只不过助长了懒惰之风，让人安于现状，不思进取。当缺乏社会保障的时候，大家都会努力工作，而且为了成功能够承担风险。当一个人没有社会保障的时候，就会加倍努力工作，力争进步，这比有了社会保障的情况要好得多。

如果政府为人民提供了一切保障，当然这是不可能的，那么就只会导致这个国家的人过于懒散，结果就是这个国家很快就会衰败。罗斯福新政之所以得到绝大多数人的拥护，原因在于新政承诺向所有人无条件地提供保障，这当然得到了那些想要偷懒或不劳而获的人的大力支持。

这个国家需要的不是更多不切实际的承诺，而是更多的

未来 30 年，黄金和区块链技术是美国债务的"紧箍咒"。

社会保障的目的是为了保证社会稳定，而不是为了促进经济发展。

劳作与产出。我们的问题只能依靠更多的工作和储蓄来解决，而不是通过入不敷出来解决，不是通过减少劳动来解决。倘若我们想要成为一个真正的自由和繁荣的国度，那么就必须捍卫自由，就必须让大家明白权利需要平等，多劳多得，少劳少得，不劳不得。

当我们的士兵参与战争时，他们要听从指挥，不能拒绝战斗，如果他们"罢工"，就会被击毙。但是，工人们的情况却非如此。当战争开始时，工会不停举行罢工，而前线的战士们，我们的孩子们却正在冒着生命危险执行任务。为什么工会会比这些随时可能失去生命的人享有更多的权利呢？他们不应该如此。工会领导人的权力是政客们送上的，因为政客们背叛了选举他们的人民的根本福祉。工会到底有什么权力可以随意罢工，切断生活必需品的供给，使广大人民仍忍受饥饿和物质匮乏。如果工会想要以更少的劳动获得更高的工资，那么这个国家就不可能繁荣起来。

为什么法国在第二次世界大战中会一败涂地？是工会导致的。工人们不工作，不从事生产活动，结果导致了法国战败。德国人不管是否愿意工作，都会被强迫从事劳动，他们的生产力更强，因此德国战胜了法国。是谁给了法国工会这么大的权力呢？这种权力无论是资本家还是普罗大众都不能享有。立法者给了工会这么大的权力，讽刺的是这些立法者却是人民选举出来的。这些立法者想方设法取悦那些能够保住他们权位的工会领导人，这是什么正义？这是什么自由？

> 江恩奉行自由主义的宗旨，强调竞争力和劳动的积极主动性，反对工会势力强大，反对政府干预经济。

1. 战争与和平

由于美国政府正在准备对苏联的战争，而且宣传早晚必有一战，因此战争随时可能爆发。如果对于政府来说国际局势恶化，他们预计可能在1952年被苏联全面压倒，则可能会

在此之前主动挑起战争，然后告诉人们局势已经不可扭转。人们或许会被这些伎俩吓到，进而在选举中继续支持挑起战争的政客们。

作为投资者，我们需要明白**战争会对股市产生什么影响？**这完全取决于股市在战争爆发时处在什么位置。就我个人的观点而言，我认为如果美国发动一场新的战争，那么对于股市来说是不利的，股市将因此下跌。而且，新的战争需要庞大的国家财政支持，按照目前沉重的债务情况而言，政府可能会没收充公一切股权和财产。通过出售国债来筹集战争经费的可行性不大，因为目前债务规模已经十分庞大。因此，一旦开战，政府将不计代价地采取一切手段为战争融资。

不仅是美国，其他国家也经不起一场新的战争的摧残，人类文明或许会倒退几百年。我们应当寄希望于和平，并且选举那些爱好和维护和平的人来领导我们。

几年之后爆发的朝鲜战争对美国经济和股市产生了什么影响？再晚一些的越战对美国经济和股市又产生了什么影响？江恩的判断应验了吗？

2. 如何预防战争的发生

无论什么国度，我们都有措施来制止战争的发生。人民大众手中有相应的权利和力量制止战争的发生，避免国家卷入战争。倘若我们能够让立法者通过一项法案，限制政府为战争融资和发债的能力，那么政府要发动战争就变得不可能了。如果政府想要发动战争，那么就必须依靠政府的收入，而不能依靠发债或充公财产。政府根本没有权力为战争融资，更没有权力拿人民的生命和财产去冒险，大众的未来不能被好战分子拿来做抵押。

通过铸币权和通胀税，政府仍旧可以获取进行战争的资金，只不过这个过程不可能无休止地持续下去。

战争不能带来任何有价值的东西。政府应该量入为出，而不是入不敷出，为了减少支出应该抵制战争。

3. 政府不能防止萧条与大恐慌袭来

1953 年新的政策颁布之前，经济将出现新的萧条，而大恐慌也将紧随而至，没有什么能够阻止这一切发生。一般而言，萧条和恐慌总是在战争之后出现。美国在第二次世界大战上的开支超过了其在此前历史上任何一场战争的开支。现在我们政府背负的债务与世界上其他国家债务的总和相当。政府入不敷出，债务规模庞大，在这种情况下政府有什么能力来防止萧条和恐慌发生呢？

战争不能带来任何有价值的东西，没有给国家增加任何财富。美国政府现在已经变成了世界上最大的消费者，而纳税人则成了最大的亏损方。有什么样的行为就有什么样的结果，政府的糟糕行为会导致糟糕的结果。政府并没有在真正结束后减少开支，反而为了准备新的一场战争增加了开支。几百亿美元就这样被浪费掉了。我预计这样的情况到了 1952 年会发生变化，因为那时候恶果将显现，萧条和恐慌将携手而至，这帮政客将被人民选下去。

等到那种糟糕情况发生的时候，什么措施都无济于事了。倘若纳税人团结一致，在糟糕情况发生之前组织起来采取行动，阻止政府在花钱上的大手大脚，那么问题可能得到缓解，甚至抑制。

如果政府继续这样浪费资金，那么早晚会将国库榨干，最终只能采取没收充公财产的方式。那时，自由的捍卫者将为自由而战，人们会像战争时一样不惜一切地去捍卫自己的自由和财产权利。正如威尔·罗杰斯（Will Rogers）揶揄美国政府时所说的："政府从来没有输掉一场战争，但也从未在与人民的谈判中获胜。"

4. 导致下一波萧条与恐慌的因素

新的经济萧条会由许多原因导致。**英国已经因为两次世界大战而衰落，其他欧洲国家的境遇也差不多。**中国、日本和印度的金融系统也处在紊乱之中，而且情况还会更加糟糕。

美国的债务规模庞大，财政情况不佳，诸多问题难以解决。政府的挥霍无度已经导致了难以挽救的糟糕结果。即便现在能够抑制情况进一步恶化，社会的恐慌也不可避免地会蔓延开来。

况且，国外的投资者们已经在大举抛售美国市场的股票了，这种情况已经持续一段时间了，并没有缓解迹象。美国国内的投资者们总是在熊市的最后阶段进行恐慌性抛售，而这会导致大范围的股票暴跌。到那时，保险公司为了控制亏损不得不跟随杀跌盘卖出股票，下跌进一步加剧。那些受到政府支持的信托基金或许会努力稳定市场，但是随着事态进一步恶化和失控，他们也不得不更加谨慎，甚至也一同套现股票。最后的卖家在最为恐慌的阶段出现，恐慌彻底弥漫在市场中。

一旦美国的投资者和商人对政府控制经济衰退和萧条的能力失去信心时，局面将进一步失控，情况会变得更加糟糕。因为商业和股市的稳定离不开大众的信心。

如果这一天来临，人们将彻底失去对政府的信心，那么大恐慌的局面就不可避免了。因果相续，原因已经存在，政府播下了恶果的种子，下一场衰退和恐慌不可避免。商业周期和股市循环也表明了这场风暴不可避免。

5. 股市未来的趋势

众多经济学者和金融专家都认为一场新的风暴即将来临，只不过他们不知道确切的时间罢了。他们之所以给不出具体日期，原因在于他们不知道时间周期。30 多年以来，我利用经济繁荣与衰退的主要时间循环也能够预判下一次萧条和恐慌的降临时间。

华盛顿的政治家们宣称他们有治愈经济失调的秘方，但

是未来的几年检验了他们的真实能力，岌岌可危的局势一发不可收拾，他们面临重大考验。

根据我的时间周期理论，第二次世界大战后开启的繁荣将在 1948 年终结。此后，经济趋势将转而向下。在经济周期第一次向下运行时，有一次反弹紧随其后。这轮反弹会让许多人上当受骗，因为他们认为经济的繁荣再一次来临，其实这只不过是下跌趋势中的短暂反弹而已。

基于我的时间周期，我认为经济萧条将在 1950 年下半年愈演愈烈。到了 1951~1952 年，经济将进入更加恶劣和恐慌的境地，政府难以应付这种情况。在这种大环境下，股票、债券和商品等金融标的将全面下跌。股市下跌的目标取决于各种关键点位提供的支撑力度。在接下来的一个小节中，我们给出股市趋势变化的一些关键时点。

基于股市的历史周期循环，指数可能在 1949 年下半年上涨，并且持续到 1950 年。不要忘记一点——股市领先于经济周期至少 6 个月。

6. 展望 1950~1953 年

1950 年 1 月 3~7 日指数已经见到低点企稳，此后反转向上，这波上涨会持续到 2 月。

同年 3 月 18~22 日，市场会短暂下跌，持续到 3 月 30~31 日，然后走势会反转。

上涨会贯穿 4 月，指数会在 4 月 25~30 日见到年内高点。如果股市提前在 1949 年 6 月就见底回升，也就是牛市从 1950 年 1 月提前半年开始，那么到 1950 年 4 月见顶，已经运行了 10 个月了，这是市场周期的一个节点。而且 1950 年 4 月高点距离 1942 年 4 月的低点恰好 8 年，与 1946 年的高点相距 48 个月左右。这些时间周期对于趋势变化而言具有重要的影响力。

如果指数在 1950 年 6 月 14~21 日见到极限低点，则与 1948 年的低点恰好间隔 2 年，与 1949 年 6 月 14 日的极端点位间隔恰好 1 年。交易者应该留意 6 月 24~30 日左右的市场动向，因为市场可能在这段时间内见底回升。

市场在 1950 年 7 月应该会上涨，即便市场那时处在下跌趋势中也会有显著的反弹。其中需要注意的是 7 月 7~10 日以及 18~30 日，因为它们对趋势变化的意义重大。

到了 8 月，市场会下跌，但是跌幅不会太大，市场会呈现震荡状态。其中，需要

注意的是 8 月 5~10 日，以及 14~18 日，还有 23~27 日。

9 月是要重点关注的月份，重要的周年日处于这个月。在月初你就要注意潜在的趋势变化。在 9 月 23 日到 10 月 3 日要查看是否出现见底迹象，如果就此上涨，那么就可能持续涨到 11 月 2~4 日，而这正是大选的时候。

11 月 14~21 日容易出现下跌，到了月底则可能见到前一波反弹的起点。

如果此前预期的反弹推迟到 11 月才开始，那么就能持续到 12 月 15~20 日，到了这个日期你就要注意查看见顶迹象。

1951~1952 年将是经济极其低迷的时期，也是股市走熊的主要阶段。大多数股票将跌得惨不忍睹。那时，美国政府将面临许多棘手的问题，难以对付。民众对政府及其措施感到失望，信心尽失。此后，局势大幅恶化。

时间周期表明共和党可能会赢得 1952 年 11 月的总统选举，而到了 1952 年 10 月和 11 月熊市也会结束。

1953 年 1 月 20 日，新总统将就任。如果是共和党人当选，那么经济将复苏，新一轮的经济繁荣周期开启。但是，经济在 4 月或 6 月之前的起色都不会太大。股市将提前见底上涨，而商业的情况将随后改善。

江恩作为大资产阶级的一员，不可避免地拥护共和党的亲资本政策和路线。

7. 结　论

我的这本《华尔街 45 年》就此搁笔。其实，我在华尔街的经历可以追溯到 47 年前的 1902 年。数十年的经验让我明白了**时间才是最宝贵的财富**。利用这笔财富的最好办法是学习，汲取知识的养分，这比金钱更有价值。

在本书中，我阐述了一些我自己归纳出的宝贵经验和法则，以及此前从未公开发布过的秘密，希望大家能够学以致用。如果能够这样去做，那么无论是投机还是投资，都不再

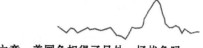

是意气用事的赌博，而是能够带来丰厚利润的职业。

【原著名言采撷】

1. A man will work harder and make greater progress when he is insecure.

2. Effects always follow causes. The causes already exist and the government has sown the seed for another panic and depression and the cycles of business and the stock market prove that a panic is inevitable.

3. These years have taught me my most precious possession is time！

附录 1

江恩答读者问

我经常收到读者的来信，数量众多，他们在信中询问各种问题。为了减轻回复的工作量，我特意将一些常见的问题列出来作答。

问题 1：值得推荐的投资理财杂志

许多读者来信让我推荐一些适合交易者参阅的杂志。

我认为《华尔街》（*Magazine of Wall Street*）是获取股票信息的最佳杂志。当然《B. C. 福布斯》（*B. C. Forbes Magazine*）也值得推荐，因为其中包含了许多有关投资理财的经典文章。《纽约时报》（*New York Times*）每周推出的《财经年历》（*Annialist*）同样值得阅读，它专注于投资理财领域，提供了许多对交易者和投资者有价值的重要资讯。

问题 2：值得推荐的投资理财报纸

无论是投资者还是投机客，他们总是让我推荐适合阅读的报纸。

我认为《华尔街日报》（*Wall Street Journal*）是公开出版发行的最好的财经报纸。这份报纸专注于美国以及国外上市公司的介绍和分析，新闻分析客观中立，同时也会介绍影响金融市场的农业与政治事件。

这是第一份推出股票指数的报纸，其中包括了铁路股和工业股。它早在 1896 年就开始推出股票指数了。从 1914 年开始，它开始发布债券指数，从 1928 年开始发布公用事业股指数。上述指数每日更新发表，对于那些需要跟踪和绘制指数走势的交易者而言，这无疑提供了很大的便利。

《华尔街日报》的第二个特征是每日更新创出年度新高和年度新低的股票名单。同

时这份报纸恪守职业道德，不发表任何小道消息和误导性言论，只提供确实对交易者有帮助的信息。当然，它还会刊登一些重点股票的价格走势图，这减轻了交易者的工作负担和财务开支。如果要他们自己动手绘制这些走势图，那就需要更多的精力和金钱支出了。

《纽约先驱论坛报》（*New York Herald Tribune*）刊登各种股票板块指数，还有其他一些对交易者有用的资讯。

《纽约时报》（*New York Times*）也提供各种板块指数，算得上是一份有益于交易者的好报纸。

对投资者和投机客而言，有用的是各个上市公司的财务报告和真实新闻，而不是小道消息和不实言论。我推荐的上述杂志都在纽约出版，它们都竭力提供可靠和可信的资讯。

问题 3：值得推荐的股票和商品信息来源

《巴伦杂志》（*Baron Magazine*）是一份涉及各种金融市场的专业杂志，它提供有价值的专业分析。但是这份杂志的订户数量不多，每周出版一次，值得大家订阅。

《芝加哥商业日报》（*Chicago Journal of Commerce*）对商品市场的报道和分析要胜过其他媒体。它每天都会刊载芝加哥商品交易所的谷物和鸡蛋报价。另外，供职于这家报社的精英记者们还会持续追踪和报道股票市场的动态，并且对股票和商品市场进行分析。

《商品年鉴》（*Commodity Year Book*）这是由商品研究局出版的统计年鉴，涵盖了几乎所有大宗商品的各种数据，数据全面、准确和可靠。这家研究机构位于纽约市海狸大街 76 号。

问题 4：交易头寸的最低规模

许多读者来信询问是否能够以不足一手的规模交易股票。就现实而言，大多数纽交所的经纪员会接受不足一手的零股委托。当然，正规的商品期货市场往往只接受至少一手合约的买卖，如芝加哥商品交易所，所谓一手也就是至少 1000 蒲式耳的谷物或 50 包棉花等。在新奥尔良棉花交易所里，一手棉花也是 50 包。如果你发现某个交易所接受少于 50 包棉花的委托，甚至只有 10 包，或者更少，那么这通常是不合法的对赌经纪行。一定不要在并非正规交易所会员的经纪公司那里开立账户。

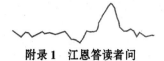

问题 5：经纪人选择

经常收到读者来信询问特定经纪公司是否可靠。我认为凡是纽交所、纽约棉花交易所和芝商所的会员都是可靠的，因此建议开户时选择这些交易所的会员作为经纪人。如果你对目前的经纪商有所怀疑，那么可以通过如 Bradstreet、R. G. Dun 和 Bishop Service 等公司进行查证。对于不拥有交易所会员资格的经纪商，你应该通过银行或商业中介机构进行查证后再开立账户，因为很可能他们就是非法的对赌交易所，你很容易上当受骗。

题材的性质

热点板块绝大多数都是由题材引发的，"知道目前的热点是什么"这只是我们日常看盘和复盘工作的第一步，**关键是要能够判断题材的生命力，主力要做盘更是要注重这个问题**，否则不要说盈利，如果看错全身而退都难。什么是题材的生命力，简而言之就是题材的可持续性。

题材投机要提高风险报酬率就必须找生命力强的题材，因为行情单边走势的强度决定了风险报酬率，而题材生命力越强，则可持续性越强，单边走势的强度越大。

我们知道净值增长率取决于风险报酬率、胜算率和资金利用周转率，而风险报酬率和胜算率决定了期望值。大名鼎鼎的凯利公式就是通过风险报酬率和胜算率来决定仓位的工具，由此可见风险报酬率的重要性有多高。最强生命力的题材我们称为主题，主题是能够将个股驱动为大单边走势的能量，因此**最高的风险报酬率必然是主题驱动的**。

这几年公募基金界开始流行"主题投资"，其实他们的思路还是"投机"，而且由于大多数这类基金都是打着"主题"这个噱头，所以往往做得"四不像"。真正主题投机做得比较好的是展博投资这家私募，他们的理念就是"**选美理论**"。大家有空可以到网上搜一下相关的访谈，从成功者身上学到的东西比书本上学到的更加有效。

题材投机要提高胜算率就必须找生命力强的题材。通过

降低风险报酬率可以将胜算率提到很高的水平，这就是绝大多数人的做法。人的天性是有盈利就想跑，有亏损就等解套，长期下来就是"截断利润，让亏损奔腾"，诺贝尔经济学奖得主卡尼曼将这定义为"倾向效应"。

有点盈利就跑，所以你的胜算会很高，同时因为亏损你就等解套（大多数都会解套，但是少部分可能就会割肉），而这就会导致亏损次数很少，一亏就大亏。

所以，如果不是率先固定一个较合理的风险报酬率，而是一来就追求胜算率，则会导致赚小亏大、一亏就伤及元气、一亏就爆仓等恶果。

那么，如何改变这种"恶习"呢？还是要回到理想的风险报酬率上来，而这就要求寻找良好的格局，也就是生命力强的题材。**题材好，则风险报酬率就高，同时设定合理的止损后也不容易被洗出，往上波动的幅度大且概率高，这样你的胜算率就高了。**

记住，先固定一个理性合理的风险报酬率（平均盈利：平均亏损），若是股票应该大于 3∶1，这是我们的经验，按照业界的最低要求是不能低于 1∶1 的。在这个**"底线"的**基础**上去提高胜算率。**如果你是纯技术交易，你会发现风险报酬率和胜算率存在反比关系。

纯技术分析下的交易就是在某一条"胜算率—报酬率"的反比曲线上进行边际改善，边际改善方向一是用更高的胜算率替代更高的报酬率，边际改善方向二是用更高的报酬率替代更高的胜算率。由于对格局没有选择性，因此只能进行边际决策（见图附 2-1）。

如果我们纳入驱动分析，具体讲就是题材生命力的选择，那么我们就可以从低层次的反比曲线跃升到更优层次的反比曲线上，这就是超边际决策了。虽然高层次的反比曲线上胜算率和报酬率也会相互替代，但是它们的组合会体现出更高的参数（见图附 2-2）。

凡事都有底线，如果你连底线都不坚守，那么会有苦果等着你。

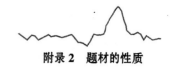

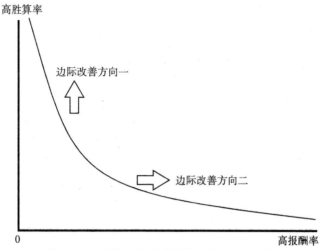

图附 2-1　胜算率和风险报酬率的边际替代性

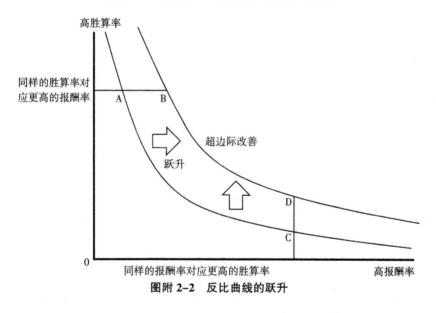

图附 2-2　反比曲线的跃升

通过选择更好的题材/格局，我们可以在同样的胜算率下取得更高的报酬率，或者是在同样的报酬率下取得更高的胜算率。在《外汇短线交易的 24 堂精品课》中我们曾经粗浅地提到了"反比曲线"的问题，但是并没有这里讲得这么清楚，什么是交易的秘诀？秘诀并不是技术分析或跟庄，虽然对手盘分析要远胜"刻舟求剑的技术分析"，但是这些都不是"投机大成就者"的法宝，真正的法宝是明白**"跃升的途径"**。通达投机"光明顶"的路径就是"超边际分析"，就是"格局抉择"，就是"题材发现和剖析"。

技术分析书籍将人引入了一个"死循环"，让很多人耗费多年的光阴而无法得到实质性的提高，让很多人越做交易越没有信心。因为纯技术分析如果不加上仓位管理是

不可能持续获利的，而纯技术分析加上仓位管理后就面临一个"反比曲线"，这个反比曲线就制约了你的高度，你沿着边际改善方向一前进一段时间后会觉得报酬率太低，以至于期望值可能为负，然后你又会沿着改善方向二去努力，一段时间后你发现胜算率实在是太低了……**在一条既定的反比曲线上你就这样反反复复地努力，但是都被困在原地，这就是"轮回"。**要跳出"轮回"就要"觉悟轮回"，而"跃升图"给了我们工具。

> 边际分析带入轮回，超边际分析带入跃升。

如果你交易股票多年，交易期货多年，交易外汇多年，却始终停留在原地或某一水平，你就应该好好想一下我们上面讲的话和绘的图。什么是宝典？上面这些就是宝典！如果你还想从神奇指标中寻求"跃升"和"开悟"，那真的是"缘木求鱼"。其实，这些概念和哲学工具何尝又不是人生成败和幸福的写照，**我们往往勤于"既定格局下"的努力，但却疏于"格局本身"的选择，什么是赢家？那是有意无意选对了格局的参赛者。什么是输家？那就是有意无意选错了格局的参赛者。什么是蠢材？那就是选了必输格局还在坚持不懈的人。**

题材投机要提高资金利用率就必须在生命力强的题材间滚动操作，毕竟题材有生命力意味着不可能永远持续下去。美国股市流行"事件驱动"，如特斯拉汽车对相关个股的事件驱动（见图附 2-3）。其实仔细来看跟"题材投机"毫无二致，只是国外比较忌讳"投机"两个字。自从价值投资一派成为正统之外，"投机"基本上成了 loser 的代名词，所以很多采纳题材投机策略的基金都自称"事件驱动策略"。

国外的"事件驱动策略"要求在各种题材/主题之间轮动操作，而不是一味持仓某一题材/主题个股，之所以这样是因为题材有生命力，有"成住坏空"的过程，况且对于某些持续时间较长的题材中间也存在阶段性减弱的特点。**要获得最高的收益率，就必须尽量换更强的"题材马"，**这就是涉及分仓和滚动操作，涉及换股操作。

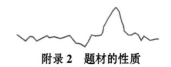

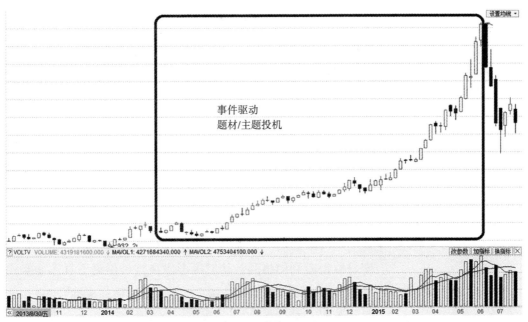

事件驱动
题材/主题投机

图附 2-3　特斯拉股价走势

大家要明白：不是你的技术决定赛马的成败，而是你所驾驭的马匹决定成败。我们题材投机中要游刃有余，需要做的是换上"最强的题材马"，而不是在"平淡无奇甚至糟糕的题材马"上想要创造奇迹。**田忌赛马与炒股其实关系很大，不仅讲了"对手盘"，更重要的是讲了格局的选择**。什么是格局？简言之，股票投机中题材就是格局。

题材生命力对于增加交易绩效非常重要，归根结底是因为它其实构建了我们整个投机的格局。所谓"善战者，无智名，无勇功，胜于易胜者尔"，关键在于找到容易取得胜利的格局。某些残局即使对手再厉害，也无法扭转败局，这是因为无论对手如何操作结果都是失败，在投机中我们要寻找的正是这样一种格局。

如果不能把握这种格局，那么我们就更无法把握住其他格局，因为在其他格局中我们处于劣势。格局的权重是 100 分，主力的权重是 10 分，而假如你是散户权重则是低于 1 分。你想想看，单凭你 1 分不到的力量如何能够战胜主力 10 分的权重呢？但是，如果你让格局站到你这边，那么你就是

格局重于对手，先选择格局，让自己稳操胜券。

有题材的未必有主力，有主力的必然有题材，否则主力自己也不会有好下场。

100+分，而主力只有 10 分是无法胜过你的。所以，**题材比主力更加重要，它是整个题材投机的核心，它决定了整个胜败的格局。**

绝大多数人都把注意力放在了个股技术面/行为面上去了，另外一部分人只注重跟庄，其实这些都是在进行"边际分析"，只不过是在一个既定的格局下寻找制胜之道而已。这种只重对手（甚至对手都不重视）的做法肯定会让你选择的格局大部分都是让自己处于不利位置的。既然你都选择的是"困难模式"，那么想必赚钱会变得异常艰难。

如何改变这种情况呢？**必须先从格局入手，选择那些你容易取得胜利的格局，然后再考虑在这种格局下具体如何战胜对手。**"胜兵先胜而后求战"，"善战者，得算多也"，"先立于不败之地，而后求胜"，这些兵法中的箴言其实都暗含或明示了"先建立易胜格局"的重要性。在投机中的格局基本上是由题材/主题决定的，所以作为投机客，无论你是散户、大户还是主力，都必须从格局出发，这就是"超边际分析"。

现代经济学在杨小凯之前都以"边际分析"为核心，力图在既定条件下通过调整边际量来寻找最优解，而杨小凯先生发现约束条件本身其实也是可选择量，而这需要"超边际分析"来解决。**"题材—格局—超边际分析"是第一步，"筹码—对手—边际分析"这是第二步，如果你把第一步省略了，那么你的交易做起来将相当吃力。**

当然，第一步和第二步都是分析，最终还要落实到仓位。仓位是"分析落地"的关键，它的作用很大，甚至被很多纯技术交易者追捧为"终极圣杯"。但在我们的交易中它只是一个必要而重要的步骤，并非决定性的步骤，它其实是个上层建筑，分析才是基础，**没有持续良好的分析作为基础，再好的仓位管理也不过是慢性自杀而已。**

伟大的投资家赛思·卡拉曼讲了一段非常精彩的话，这段话虽然是对价值投资者讲的，其实对于投机客而言也是非常精辟的："在设计一个长期成功的投资策略时，有两个因素是

至关重要的，首先……**你的优势是什么**……**第二个元素是你必须考虑竞争格局以及其他市场参与者的行为**……**正如在足球场上教练给你的建议是利用你的对手**……你的注意力和技能在哪里最适用，这取决于其他人的关注点在哪里。"

国内的宏观分析名家高善文也曾指出："**股票同时具有两种性质：股票既是企业内在价值的一部分，同时又是筹码**……也许相对来讲，理解筹码价值的变化还更重要一些……如果从筹码博弈的角度看问题，讲不讲故事非常重要的区别是什么？区别在于，讲故事的股票，它给你提供了更大的不确定性。"我们讲格局，但是又离不开主力，什么是格局，要从股票投机的角度来讲格局就是题材，那么如何看主力呢？要从量能角度琢磨主力（图附 2-4）。

> 任何筹码都涉及格局和对手两方面的问题。

图附 2-4　题材投机分析的要素

我们扼要介绍一下格局和题材的框架，然后再提纲挈领地介绍一下主力与量能的框架。完成这些总结的工作之后，我们就会在接下来的几个小节中详细地介绍各种格局（题材）与主力（量能）的组合关系。

题材分为两大类，第一大类是利多题材，下面分为三个子类：第一子类是一次性利多题材，这种题材驱动行情脉冲回落居多（见图附 2-5）；第二子类是连续性利多题材，这类题材驱动行情持续上涨居多（见图附 2-6）；第三子类是最后一次利多题材，这类题材就往往导致利好出尽冲高回落（见图附 2-7）。

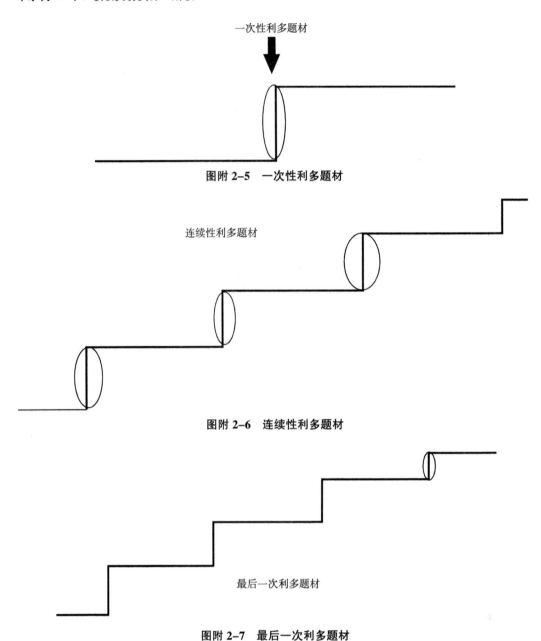

图附 2-5　一次性利多题材

图附 2-6　连续性利多题材

图附 2-7　最后一次利多题材

第二大类是利空题材，下面同样也分为三个子类：第一子类是一次性利空题材，这类题材导致行情下杀后回升居多（见图附 2-8）；第二子类是连续性利空题材，这类题材驱动行情持续下跌居多（见图附 2-9）；第三子类是最后一次利空题材，这类题材就往往导致利空出尽探底回升（见图附 2-10）。

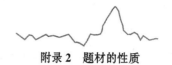

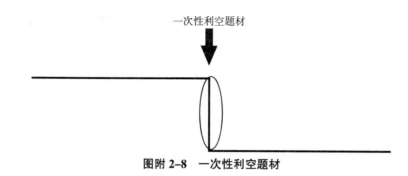

图附 2-8　一次性利空题材

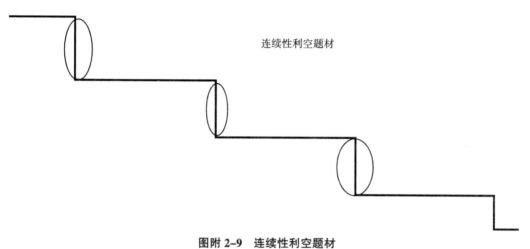

图附 2-9　连续性利空题材

图附 2-10　最后一次利空题材

六种格局/题材，已经让大家心中有数了，但是**仅明白格局还不够，还必须看大资金怎么想的**。如果你是大资金，那么主要是把握格局，而对于大户和散户而言还必须看主力脸色行事。**"资金往哪里流"这个问题的解答第一靠题材来预估，第二靠资金来确认。**

格局是个基础，光有基础还不能有效地利用筹码。

　　通过格局/题材，我们会对哪些板块和个股"有戏"做出预判，将这些股票放进观察单元，最终是否操作这些个股一要看资金流，二要选择恰当的进出场位置。

　　(节选自《题材投机：追逐暴利的热点操作法》第一版)

斐波那契四度操作法之调整买入法

　　股票下跌之后基本有两种情况，第一种是此后股价上升的可能性较大，第二种是此后股价继续下跌的可能性较大。对于第一种情况，我们应该利用回落的机会买入。通过买入或增加持仓量，从而利用此后的上升趋势。

　　随着股价再度回升，原有仓位的盈亏逐渐持平，而新增仓位则带来盈利，所以这种买入方法算得上是一箭双雕。通过利用市场本身的趋势静待原有仓位自动解套，同时又不失时机地主动增加仓位，从而获得丰厚的盈利。

　　我们将从四个维度来剖析调整买入法。中肯地说，我们经常的策略都是以整体研判作为依据的。毕竟，股票短线交易是一个系统工程，单靠某一项技巧和某一点知识是无法胜任的。市面上已有的那些所谓短线交易策略，大多沉醉于一招半式，殊不知任何一次大亏或深套都是由于操作者整体失误造成的。**治病贵在标本兼治，而且又要以治本为主。** 所以，无论是本章的调整买入法，还是此后三章的短线交易策略都是以治本为主。下面就让我们为你解开"四度斐波那契操作法"这一短线交易策略的流程之谜。

　　在面临股价回落，甚至股票被套时，我们首先需要问的一个关键问题是市场的趋势是向上还是向下。更为准确的问法是，市场究竟是向上的概率大些，还是向下的概率大些。如果市场向上的概率大些，则我们的进场策略就是逢低买入，

对于严守止损规则的交易者而言，被套要么是因为T+1制度来不及止损被套，要么是因为还未达到止损点。

也就是见位进场，相应的是我们的解套之法应该是加仓解套，也就是通过买入增加持仓量，从而利用此后的再度上涨来降低亏损，完成解套。如果市场向上的概率较大，则我们可以采用两种策略来买入或加仓摊平，第一种策略就是调整买入法，第二种策略就是**升破买入法**。

首先，我们需要判断目前的趋势向上的概率大不大。

其次，我们再从斐波那契调整线、K线、成交量和SKDJ四个维度来把握具体的调整买入时机。

最后，一旦我们较为正确和妥善地完成了上述两个步骤，我们就可以顺利地完成短线交易的任务了，这是一个自然而然的结果。

在这里，我们首先来分析如何判断目前趋势继续向上的概率大不大。

关于**趋势的判断有三种主要规则和三种次要规则**，我们结合实际例子来一一说明。

趋势判断的三种主要规则分别是：

第一，根据K线此前一段走势中的实体大小来判断。如果此前出现的K线阳线实体都比较大，则这表明市场继续向上的概率较大。那么，当股价回落的时候，我们就可以根据斐波那契四度理论提供的四维调整买入信号进场交易。如果此前在波段高点买入被套，则**此时如果想要解套则可以考虑调整买入，也就是向下摊平**。

第二，根据K线此前一段走势中两种类型的数量比例来判断。如果此前一段走势中出现的阳线数量明显多于阴线的数量，则表明市场继续向上的概率较大。那么，当股价回落的时候，我们就可以根据斐波那契四度理论提供的四维调整买入信号进场交易。如果此前在波段高点买入被套，则此时如果想要解套则应该考虑买入解套法，具体而言就是调整买入法。

第三，根据价格走势的高低渐次原则来判断。所谓高低渐次的意思是指，如果高点越来越高，而低点也越来越高，

调整买入法适合初次进场，也适合向下摊平的加仓。升破买入法则主要适合初次进场和加仓追买，也就是向上摊平。

这里介绍的三种主要规则和三种次要规则用起来可操作性不那么强，需要长时间的经验积累。给大家一种最简单的趋势判断方法——N字结构。向上N字结构出现，趋势定义为上，向下N字结构出现，趋势定义为下，在没有相反N字结构出现之前，趋势不变。

在严守止损的情况下，向下摊平是按照计划在操作，而不是单纯为了降低平均持仓成本。

则表明趋势向上；如果高点越来越低，而低点也越来越低，则表明趋势向下。将高低渐次原则简化一下，则是 N 字原理，也就是说价格突破前高则表明趋势向上，价格跌破前低就表明趋势向下。

上述趋势判断方法有一个前提是"趋势存在且持续"，如果在趋势转折点，那么上述方法就会失效。要真正预判趋势，还需要结合个股的题材、主力动向和大盘的走势，单靠技术分析只能确认趋势，跟随趋势。

趋势判断的三种次要规则分别是：

第一，根据波段的升降时间来判断，通常而言，在趋势上的波段持续时间更久，而更为肯定的是幅度更大。如果向上的波段持续时间更久，而且幅度更大，在表明市场继续向上的概率比较大。如果此前在波段高点买入不得已被浅套，此时如果想要尽快解套，则应该考虑买入解套法，而且调整买入解套法的解套速度要快于升破买入解套法，但是成功率却要低于升破买入解套法。

第二，根据更大的时间框架上的价格走势来判断。如果你在日线图上操作股票，那么你要判断目前的趋势，则可以看周 K 线图甚至月 K 线图。越大的时间框架，其代表的价格走势越具有趋势的意义。因此，通过观察周 K 线和月 K 线级别的个股走势图，我们可以更好地确定个股的趋势。

第三，根据趋势技术指标来判断，最为有效和常用的趋势指标是移动平均线，除此之外还有 MACD 等基于移动平均线的趋势指标。当你据以判断趋势的技术指标显示此后股价继续上升的可能性较大时，则应该继续持股。此时，如果你在高位买入不得已被浅套，则应该采用回调买入法来摊平成本。

我们已经完整地介绍了三种主要的趋势判断方法和三种次要的趋势判断方法。下面，我们就向大家传授如何寻找具体调整买入时机的方法。调整买入法的时机把握主要从四个方面入手：斐波那契分析、K 线分析、成交量分析和 **SKDJ** 分析四个维度。这里需要强调的一点是，无论你此前判断的方

SKDJ 和 KD 在绝大多数软件上都是一个指标，名称不同而已。

191

向如何，此时寻找具体进场时机和位置的重要性更大。位置比方向更有实践意义，因为方向的预测往往不是那么准确，一个新手对方向判断的成功率为 50%，而一个老手未必比这个高。那么，为什么一个成熟和富有技巧的交易者能够持续在市场中生存和获利呢？关键一点就是他们是否重视并且善于寻找到有利和恰当的进场位置和买入时机。下面，我们就给出我们在运用调整买入法时采用的进场时机分析技术吧。

1. 维度一：调整买入时机的斐波那契分析

当我们准备逢低买入或逢低加仓时（波段高位买入**股票不得已被浅套后**），根据趋势分析，发现此后继续上升的可能性比较大，则我们就应该首先进行斐波那契分析，查看价格是否到达某一关键位置，是否已经企稳，从而初步确认进场买入的时机（见图附 3-1）。如图附 3-2 所示，A 点是我们第一次买入的位置，此点是上升趋势中的一个波段高点，买入后股价下跌，我们被套，但是根据分析，趋势仍旧是向上的，所以我们寻找价格在某一斐波那契位置企稳的迹象。终于价格在 B 点附近的斐波那契回调线处站稳，于是我们寻求进一步的证据来确认 B 点附近是调整买入的恰当时机，这就涉及从 K 线、成交量和 SKDJ 三个角度的进一步分析了。在本小节，我们主要介绍如何利用斐波那契分析初步确认调整买入

浅套是因为外界的原因导致来不及止损，止不了损或还没有到止损位。深套则说明你完全违背了短线操作的纪律。当然，极少数情况下会出现连续跌停、无法出场而深套的情况，这个时候也可以用调整买入法摊平。要从本金安全的角度来对付这种情况，就必须分散资金操作。

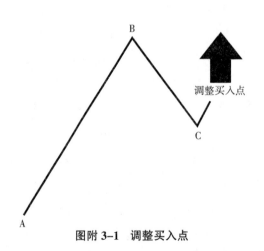

图附 3-1　调整买入点

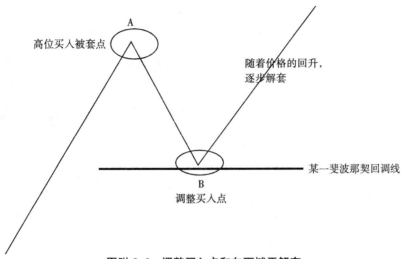

图附 3-2　调整买入点和向下摊平解套

的时机。在接下来的三个小节中，我们则要进行其他三个维度的介绍，并且在最后一个小节将这些分析综合起来给出一个完整的分析示范。

股价在上升趋势中的回调一般会在斐波那契的特定回调线止步，然后重拾上升势头。那么什么是上升趋势中的斐波那契回调线呢？如图附 3-3 所示，价格从 A 点上升到 B 点，A 点是此波段的最低点，B 点是此波段的最高点，然后价格从 B 点开始往下，并且在 C 点处继续发展，也就是说 C 点并不固定。我们以 B 点为斐波那契分割的起始点，以 A 点为斐波那契分割的终止点，将 AB 线段总长度设定为 1，然后以 B 点为 0、A 点为 1，进行分割，分割比为 0.264、0.382、0.5、0.618、0.809 等。通常使用斐波那契分割比率的市场分析人士认为 0.382、0.5 和 0.618 是最为常用的分割比率，因为市场

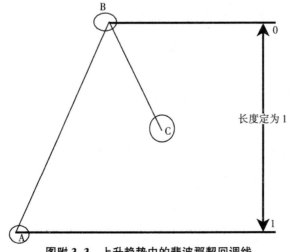

图附 3-3　上升趋势中的斐波那契回调线

往往在回调到这些位置的时候企稳回升，但是根据我们的统计结果，0.809 也是不可忽视的，在 A 股市场上所有五个比率都容易出现，如果一定要指出最有效的止跌比率，则是 0.618。

我们下面在一个真实走势上做出上升趋势中的斐波那契分割。如图附 3-4 所示，这是上证指数的日线走势图，AB 是一个上升波段，A 点是这个上升波段的最低点，而 B 点则是这个上升波段的最高点，以 B 点为 0、A 点为 1 做斐波那契分割，得出了 **0.236、0.382、0.5、0.618、0.809 五个分割位置，**这里我们可以大致看到上证指数从 B 点回落后在 0.5 附近两次获得强劲支撑，此后反弹回升，一直上升到 6000 点附近。通过图附 3-4，我们就掌握了具体的斐波那契在上升趋势中回调分割的计算方法。接下来我们就讲讲如何具体运用 0.236、0.382、0.5、 0.618，以及 0.809 五个斐波那契分割位置确认调整买入点的方法和实例。

实际运用中可以化繁为简，只采用 0.382、0.5 和 0.618 三个点位。0.236 点位在大波段之后的回调可以用，0.809 则可以运用于小波段之后的回调。

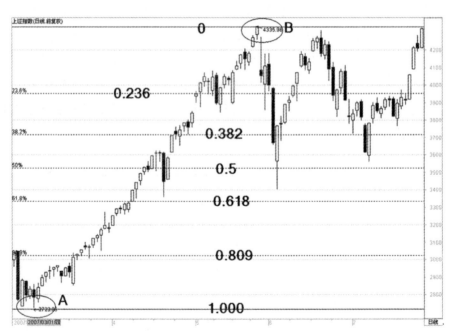

图附 3-4　实际走势中的斐波那契回调点位

在图附 3-4 中，我们展示了上涨趋势中回调后做出的斐波那契分割线，A 点是上涨波段的起，B 点是上涨波段的终点，以 AB 段为单位长度 1 做分割，B 点是 0，A 点是 1，分割得到 0.236、3.382、0.5、0.618、0.809 几条分割线，这些线与 1.000 和 0 这两条线一起构成了整个上涨回调斐波那契分割线的基础。

下面，我们就给出具体的实例，通过实例了解如何利用斐波那契分析法掌握具体的进场时机。

图附 3-5　深发展 A 0.382 回调实例

图附 3-5 显示了深发展 A 一段时期内的日线走势图，该股从 A 点上涨到 B 点，然后开始回调，我们以 AB 段做斐波那契分析。如果此前的趋势分析认为该股还有继续上涨的可能性，**那么当股价回落到 C 点时确认了支撑，则可以逢低买**入。假如交易者在 B 点附近买入被套，而且根据趋势分析得出结论，股价继续下跌的可能性非常小，则可以等待股价在某一斐波那契位置出现止跌特征。在此例中，股价在 C 点，也就是 0.382 位置附近止跌企稳，我们就可以在此加仓买入，

0.382 是比较好的买入机会，部分强势股会在第一波上涨之后回调到 0.382，然后开始第二波上涨。

向下摊平持仓成本，随着此后股价的回升，我们被套的该股仓位自然也就解套了。

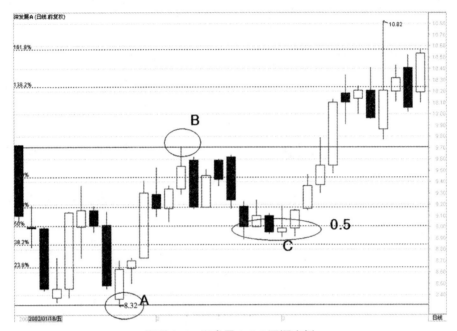

图附 3-6　深发展 A 0.5 回调实例

图附 3-6 也是深发展 A 的日线走势图，在该图中，股价从 A 点上升到 B 点，之后出现了回落，如果股票炒家在 B 点附近买入被套，而且判断此后趋势仍旧向上的概率极大，那么就可以等到股价跌至某一斐波那契回调线处企稳时加码买入，以便摊平平均持仓成本。当股价跌到 0.5 回调位置附近，也就是 C 区域时，股价反复震荡构筑起一个可能的小平底，于是我们逢低买入或加仓买入，这样就降低了总体的持仓成本，随着股价再度回升，并创出新高，我们顺利解套，并且扭亏为盈。

图附 3-7 展示了另外一个强支撑，这就是上升途中出现的 0.618 回调位置。在图附 3-7 中，股价由 A 点上升到 B 点，不少炒家在 B 点附近买入，此后随着股价的大幅回调而被套，此后股价在 0.618 回调位置处获得支撑，具体表现为长时间的横盘整理。空仓的炒家可以逢低在 C 区域买入，而在 B 点被套的炒家则可以选择在 C 区域加码买入，然后等待股价回升自动解套。

附图 3-7 展示的 0.618 回调支撑并不是那么清晰，我们来看附图 3-8 展示的一个更为清晰的例子。在附图 3-8 中，股价由 A 点上升到 B 点，在 B 点附近买入该股的炒家随着此后股价大幅调整而被套。当股价跌到 0.618 回调位置时，进行了有利的回升，空仓的炒家可以逢低在 C 区域买入，而此前被套的炒家可以考虑在 C 点附近买入，此后

价格回升被套，仓位自然解套，而且还可以获取一定的利润。

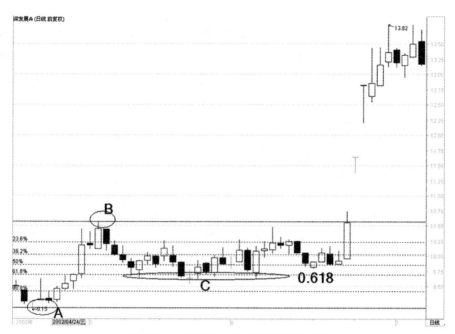

图附 3-7　深发展 A 0.618 回调实例（1）

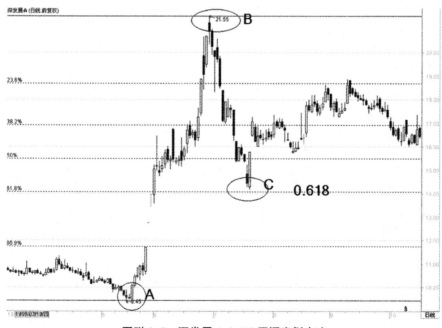

图附 3-8　深发展 A 0.618 回调实例（2）

根据我们长期对 A 股走势的研究发现，股价上升调整中的 0.618 支撑是非常强大的。

我们以丰富的实例深入说明了调整买入解套时机把握的第一个维度：斐波那契分析。虽然这是一个强有力的短线进场和加仓的工具，但是仅有这一工具肯定是无法胜任短线交易的实际需要的，**所以我们还需要接着介绍其他三个短线进场和加仓的工具，只有综合地使用这四个工具，我们才能真正做到成功交易**，稳健获利。

四个维度来锁定进场点和出场点，这就是多重过滤技术的特点，也是高胜算率的保证。

2. 维度二：调整买入时机的 K 线分析

在本小节，我们将介绍提供调整买入信号的 K 线形态和形态组合，我们这里仍旧以介绍 K 线本身为主。

第一种调整买入 K 线形态是锤头形态。所谓的锤头形态也就是在下降趋势出现的一种看涨转折形态，当然这种形态之后的股价未必一定会上涨，这还需要结合其他信息进行确认。如图附 3-9 所示，圈注的这根 K 线就是锤头形态，实体位于整个 K 线的上部，下影线是实体长度的至少两倍，最好

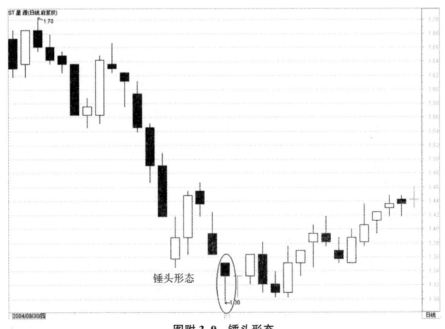

图附 3-9　锤头形态

没有上影线，当这样一根 K 线出现在下降趋势之后时就是所谓的"锤头形态"。这里需要强调的是锤头形态之前的价格走势一定要向下。当出现这样的 K 形态时，股价后市看涨概率就大大增加了。

我们接着来看一种由锤头形态演变出来的特殊形态，这就是蜻蜓十字。当开盘价和收盘价都位于 K 线的顶部，而且几乎等于最高价时，就得到了蜻蜓十字。垂头形态的实体部分如果成了一根横线，就得到了蜻蜓十字。这类看涨形态的出现概率没有标准锤头那么高，但是其看涨意味很浓。图附 3-10 显示的 ST 达声走势就展示了一个蜻蜓十字的止跌力量。

图附 3-10　ST 达声日线走势中的蜻蜓十字

通常而言，有效的锤头 K 线都对应着较小的成交量变化，如图附 3-11 中的 B 点和 D 点搭配，而失效或无效的锤头 K 线则对应着比较大的成交量变化，如图附 3-11 中的 A 点和 C 点搭配。真正的阶段性底部是没有什么显著的成交量的，通常是底部都是地量。所以，我们也可以通过成交量的变化来识别出哪些是有效的锤头看涨信号，哪些可能是无效的锤头看涨信号。

我们再来看看如何将锤头形态与斐波那契分析结合起来使用，毕竟只有当炒家能够将本书的四个工具综合起来使用时才能成功地交易。图附 3-12 是 S*ST 物业的日线走势图，股价由 A 点上升到 B 点，在 B 点买入该股的炒家随着股价回落而被套。空仓

的炒家可以在回落低点建仓，而如果炒家没有及时止损，则应该等到股价在某一斐波那契回调位置企稳时考虑加码买入，以便降低持仓的平均成本。股价在 0.5 回调位置处获得支撑，而此时出现的 K 线为锤头形态，两者结合起来就可以得到一个更强的买入

图附 3-11　通过成交量来筛选锤头信号

图附 3-12　锤头和 0.5 点位的叠加实例

时机信号，此时在 C 点附近加码买入，随着该股回升，先前在 B 点被套的筹码很快解套，随着股价进一步回升，盈利出现。

　　附图 3-13 则显示了 0.382 回调位置和垂头形态共同构成看涨信号的实例，这是 ST 达声的日线走势图。空仓的炒家可以在回落低点建仓，而当炒家在 B 点附近买入被套后，等到股价企稳，此后股价在 0.382 附近企稳，不久出现了一根不那么标准的蜻蜓十字，炒家可以在此加码，降低持仓成本，随着此后股价的回升自然解套。

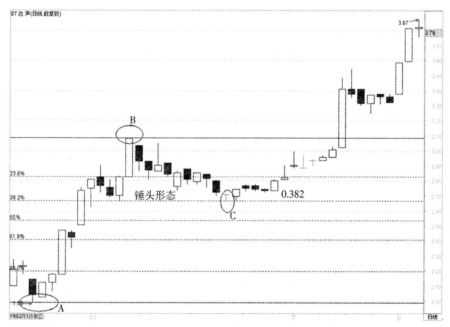

图附 3-13　0.382 回调位置和锤头形态共同构成看涨信号的实例

　　第二种调整买入的 K 线形态是**看涨吞没形态**。所谓看涨吞没也要求此形态出现前股价处于下降趋势中，然后出现了一根实体中等或较小的阴线，接着出现一根实体较大的阳线，阳线实体覆盖阴线实体。如图附 3-14 所示，这是 ST 星源的日线走势图，圈注处就是一根看涨吞没 K 线。通常而言，看涨吞没对后市上涨的预报准确率最高，所以应该主要关注 0.5 和 0.618 两个回调位置处是否出现了看涨吞没。

看涨吞没的有效性要强于锤头形态。

图附 3-14　看涨吞没形态

在使用 K 线研判的时候，我们还可以将两种以上的 K 线形态结合起来使用，将支撑阻力线加入其中一起研判也是非常好的方法。

现在我们再来向大家简单演示一下，如何将看涨吞没形态与斐波那契分析结合起来使用。如图附 3-15 所示，该股从 A 处上涨到 B 处，在 B 处附近买入的炒家肯定被套，此后股价大幅回落。空仓的炒家则可以在 C 点附近逢低买入，建立底仓。假定炒家没有及时停损，从而陷入了深度套牢的境地，当股价达到 A 点时，股价企稳，而该处恰好**是 0.809 回调位置**，更为重要的是出现了看涨吞没形态，进一步确认了此处支撑的有效。于是，被套的炒家可以尝试在此处加码买入，降低持仓成本，此后股价回升，自然解套，并且获得利润。

第三种调整买入的 K 线形态是刺透形态。这种形态对上涨的预报准确率要低于看涨吞没形态，因为刺透形态其实是一种残缺的看涨吞没，也就是说阳线的实体覆盖了阴线实体的下端，但是阳线实体的上端仅是超过了阴线实体的中线位置。图附 3-16 是 ST 达声的日线走势图，圈注处就是一个刺

0.809 回撤点位属于深幅回撤，就艾略特波浪模型而言，这种深幅回撤点常见于第二浪和 ABC 调整浪。

刺透形态与乌云盖顶互为镜像形态。

透形态。由于这是一种较弱的看涨信号，所以我们不推荐在向下摊平时使用。

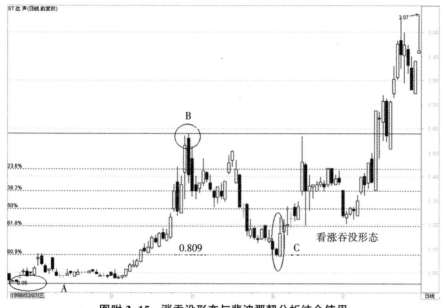

图附 3-15　涨吞没形态与斐波那契分析结合使用

图附 3-16　刺透形态

早晨之星形态是黄昏之星的镜像形态。

第四种调整买入的 K 线形态是**早晨之星**形态。这是一种预报准确率较高的看涨形态。该形态出现之前股价必须处于下跌趋势之中，这是运用此形态的前提。然后，出现一根实体较大的阴线，接着在阴线的底部位置出现一根实体极小的 K 线，这根 K 线可以是阴线，也可以是阳线，是十字星更好，此后出现一根实体较大的阳线，此阳线的开盘价在前一根 K 线之上。附图 3-17 的 ST 达声日 K 线走势就有一处早晨之星形态。

图附 3-17　早晨之星形态

小实体 K 线多，表明多空均衡的时间更长。

有时候大阴线和大阳线之间的**小实体 K 线**并不仅有一根，**而可能是两到三根**，如图附录 3-18 中圈注的特殊早晨之星。这种早晨之星的看涨意味也非常浓。

我们这里简单地将早晨之星与斐波那契分析结合起来使用，如图附 3-19 所示，这是 ST 宝利来的日 K 线走势图，股价由 A 点上涨到 B 点，之后出现回落。在 B 点买入的炒家被套，此后股价在 0.382 回调位置处获得支撑，与此同时出现了早晨之星，进一步确认了此处的支撑有效。所以，空仓的炒家则可以在 C 点附近逢低买入，建立底仓。被套的炒家可以

在 C 点附近加码买入，降低持仓的平均成本，此后股价回升，自然解套。

图附 3–18　特殊的早晨之星

图附 3–19　早晨之星与 0.382 回撤点位结合使用

3. 维度三：调整买入时机的成交量分析

在本章第二小节我们介绍了斐波那契分析在调整买入和向下摊平中的运用，在第三小节我们介绍了看涨 K 线形态在调整买入和向下摊平解套中的运用。本小节我们将深入传授利用成交量确认最佳调整买入时机的要诀。调整买入和向下摊平时，我们可以根据如下规律来确认买入时机：涨时放量，跌时缩量，则可以买入。

图附 3-20 是南玻 A 日 K 线走势图，注意该图中股价上涨时，成交量逐步放大，股价下跌时成交量逐步萎缩。**但就成交量特征而言，C 点附近就是调整买入的一个时机。**空仓的炒家可以在 C 点附近逢低买入，建立底仓。那些在 B 点附近买入被套的炒家可以在 C 点附近加码买入，降低持仓成本，等到价格回升时解套。但是，真实的调整买入和向下摊平操作还需要符合更多的条件，我们不能仅关注成交量，还需要关注斐波那契比率、K 线形态等。

> 这里研究的成交量特征范围更广，不局限于某一日的成交量特征。

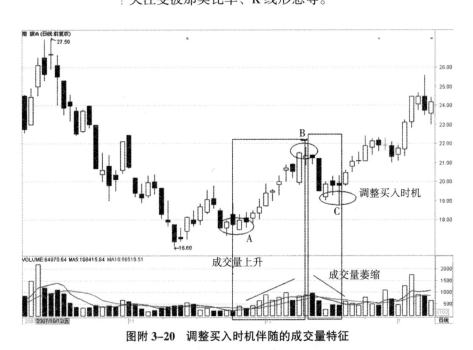

图附 3-20　调整买入时机伴随的成交量特征

图附 3-21 演示了 K 线和成交量的结合使用。回调中，成

交量逐步萎缩，在成交量萎缩到极端时出现了早晨之星。K线形态看涨，成交量走势
也看涨，这给予了空仓炒家逢低买入的机会和解套者向下摊平的操作机会。

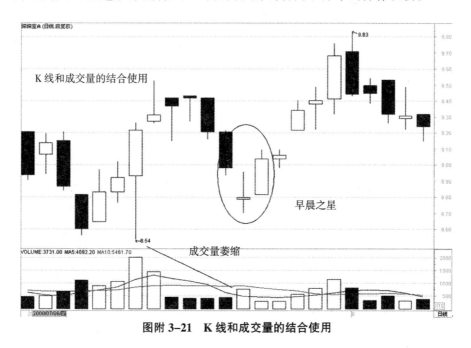

图附 3-21　K 线和成交量的结合使用

图附 3-22 则是将成交量分析与斐波那契分析结合起来使用。股价由 A 点上涨到 B
点，此后股价回调。在 B 点买入的炒家被套，股价在 0.382 处窄幅整理，有企稳迹象，

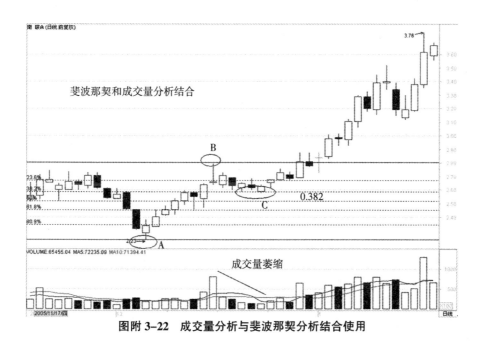

图附 3-22　成交量分析与斐波那契分析结合使用

同时成交量也萎缩到了极端，两者综合起来得到一个极好的调整买入机会。空仓的炒家可以在 C 点附近逢低买入，建立底仓。

我们最后给出几个将斐波那契分析、K 线分析和成交量分析结合起来使用的例子。如图附 3-23 所示，这是深深宝的日线走势图，该股由 A 点上涨到 B 点，之后股价下跌。在 B 点附近买入的炒家被套，之后价格跌到 0.5 位置时出现看涨母子形态，与此同时**成交量急剧萎缩**。被套的炒家可以考虑在 C 点附近酌情加码买入该股，降低持仓成本，利用向下摊平解套。空仓的炒家可以在 C 点附近逢低买入，建立底仓。

缩量下跌之后，需要放量上涨来确认重回升势，哪怕有一日放量阳线也可以。

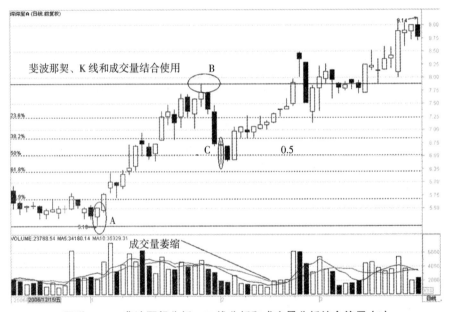

图附 3-23 斐波那契分析、K 线分析和成交量分析结合使用（1）

图附 3-24 还是深深宝 A 的日线走势图。该股由 A 点上涨到 B 点，此后股价下跌，在 B 点附近买入的炒家被套。当股价跌到 0.5 位置附近时出现了看涨吞没形态，同时成交量也极度萎缩。空仓的炒家可以在 C 点附近逢低买入，建立底仓。被套的买家可以大胆在 C 点附近加码买入，降低持仓的平均成本，利用向下摊平解套。

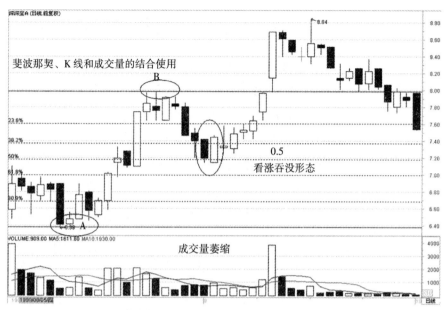

图附 3-24 斐波那契分析、K 线分析和成交量分析结合使用（2）

图附 3-25 则演示了看涨形态叠加、0.382 回调位置和成交量分析的综合运用。大家可以自己体会下其中的深意。

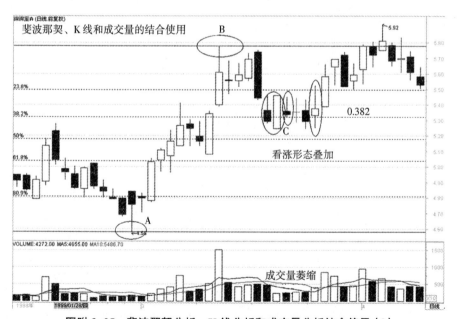

图附 3-25 斐波那契分析、K 线分析和成交量分析结合使用（3）

4. 维度四：调整买入时机的 SKDJ 分析

KD 和 SKDJ 实质上是一个指标，看你的股票软件上用的哪一个名称。

我们已经介绍了解套的三个关键分析维度，在本小节我们就来介绍最后一个分析维度，这就是 **SKDJ 的运用**。通常而言，四个维度中 SKDJ 的权重最轻，意义最小，但是一个调整买入信号能够得到 SKDJ 的认可则更好，好比锦上添花。SKDJ 提供的调整买入信号有两类，下面我们一一辅以实例加以详细介绍。

第一类调整买入信号是中线附近金叉。如图附 3-26 所示，这是长城开发的日线走势图，下跌之后出现了锤头形态，与此对应的 SKDJ 在中线 50 附近金叉。可以认为该金叉进一步确认了锤头形态的看涨信号。

图附 3-26　中线附近金叉

图附 3-27 演示了斐波那契分析、K 线形态和 SKDJ 的综合使用。该股由 A 点上升到 B 点，之后股价回落。在 B 点买入的炒家被套，股价跌到 0.382 回调线时，出现了看涨形态，具体而言是倒锤头和看涨吞没的叠加，同时 SKDJ 出现了中线 50 附近的金叉。被套的炒家可以大胆地在 C 点附近加码买

入，利用向下摊平解套。空仓的炒家可以在 C 点附近逢低买入，建立底仓。为了预防股价进一步下跌，应该为这部分仓位设定较为严格的止损，将止损位设置在 0.5 回调线之下。

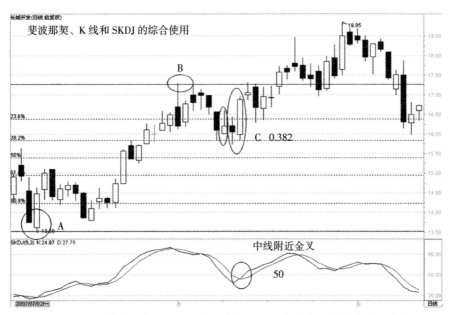

图附 3-27　斐波那契分析、K 线形态和 SKDJ 中线金叉的综合使用（1）

图附 3-28 则演示了早晨之星、0.5 回调位置与 SKDJ 中线金叉的综合支撑效果。空

图附 3-28　斐波那契分析、K 线形态和 SKDJ 中线金叉的综合使用（2）

仓的炒家可以在 C 点附近逢低买入，建立底仓。在 B 点附近买入被套的炒家可以在 C 点加码买入，利用向下摊平解套。

图附 3-29 演示了倒锤头、0.618 回调位置和 SKDJ 中线金叉的综合支撑效果。在 B 点附近被套的炒家可以在 C 点加码买入，利用向下摊平解套。

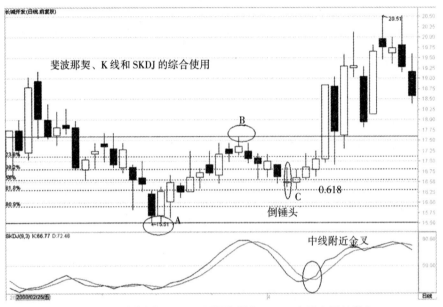

图附 3-29　倒锤头、0.618 回调位置和 SKDJ 中线金叉的叠加

超卖对应的市场情绪往往是阶段性悲观的，大家可以下去观察一下。

接着，我们来看 SKDJ 的第二类调整买入信号，这就是**超卖**。所谓的超卖就是 SKDJ 的信号线进入 30（更严格来讲是进入 20）以下的区域。图附 3-30 显示了 SKDJ 超卖对看涨吞没信号的进一步确认。

图附 3-31 则显示了将斐波那契分析、K 线形态和 SKDJ 超卖结合起来使用。长城开发由 A 点上涨到 B 点，此后股价回落，**在 B 点附近追买的炒家被套**。股价下跌到 0.5 附近出现了倒锤头，也可以构成一个看涨吞没，与此同时 SKDJ 出现超卖，三者结合起来可以得到一个调整买入的机会，空仓炒家可以逢低买入，而被套炒家则可以利用向下摊平解套。

B 点处的看跌吞没线构成了一个多头陷阱，假突破，创新高之后快速下杀，套住买入的炒家。

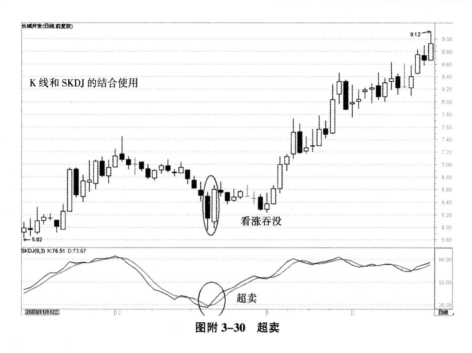

图附 3-30 超卖

图附 3-31 斐波那契分析、K 线形态和 SKDJ 超卖结合使用（1）

图附 3-32 显示了 0.382 回调位置、看涨吞没和 SKDJ 超卖的综合支撑效果。空仓的炒家可以在 C 点附近逢低买入，建立底仓。在 B 点被套的炒家可以在 C 点附近加码买入，利用向下摊平解套。

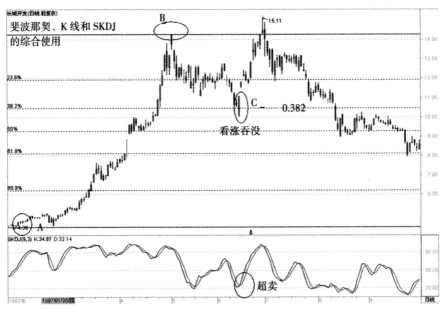

图附 3–32　斐波那契分析、K 线形态和 SKDJ 超卖结合使用（2）

　　图附 3–33 同时出现了接连两个调整买入时机。该股由 A 点上升到 B 点，此后股价下跌。在 B 点附近买入的炒家被套，此后股价跌到 0.618 附近后企稳，先是出现了锤头、倒锤头和看涨吞没的叠加形态（对应着 SKDJ 超卖），接着又出现了早晨之星（对应着 SKDJ 的中线金叉）。**空仓的炒家可以在 C 点和 D 点附近逢低买入，建立底仓。**被

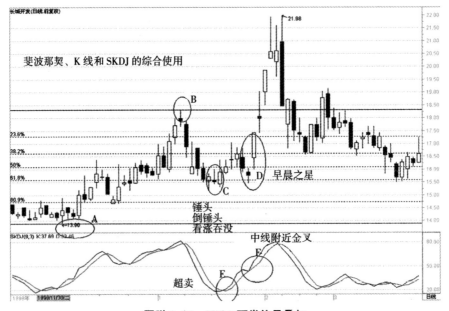

图附 3–33　SKDJ 两类信号叠加

套炒家可以在 C 和 D 点加码买入，利用向下摊平解套。

C 点补充的可能性较 D 点大很多，因为 C 点出现更早，而且更加规范。

［节选自《高抛低吸——斐波那契四度操作法》（第二版）］